房地产开发新兵入门丛书

住宅地产新兵入门

夏联喜 主编

中国建筑工业出版社

图书在版编目（CIP）数据

住宅地产新兵入门/夏联喜主编 .— 北京：中国建筑工业出版社，2014.4
（房地产开发新兵入门丛书）
ISBN 978-7-112-16498-1

Ⅰ.①住… Ⅱ.①夏… Ⅲ.①房地产业 — 介绍 — 中国 Ⅳ.①F299.233

中国版本图书馆CIP数据核字（2014）第038963号

本书详细介绍了住宅地产的多环节知识要点，包括基本概念、交易常用知识、相关税费、权属交易，以及住宅地产规划、建筑设计、施工、验收、营销等多方面的实用理论和经验，列举了房地产行业主要管理机构、媒体，形成了对住宅地产行业的全覆盖。作者依据对房地产行业的深入了解和分析，内容全面丰富，语言深入浅出、通俗易懂，为广大房地产行业入门人员、大专院校相关专业师生教学提供了很好的学习材料。

责任编辑：封　毅　周方圆
责任校对：陈晶晶　姜小莲

房地产开发新兵入门丛书
住宅地产新兵入门
夏联喜　主编

*

中国建筑工业出版社出版、发行（北京西郊百万庄）
各地新华书店、建筑书店经销
北京京点设计公司制版
北京云浩印刷有限责任公司印刷

*

开本：787×1092毫米　1/16　印张：18　字数：374千字
2014年10月第一版　2014年10月第一次印刷
定价：68.00元
ISBN 978-7-112-16498-1
（25315）

版权所有　翻印必究
如有印装质量问题，可寄本社退换
（邮政编码　100037）

本书编委会

主编
夏联喜

编委

欧阳帆	王　飞	熊明详	陈　炜	张小波	廖志宇
石瑞红	王成树	罗　锟	胡浩炬	熊思堡	金义合
夏　雨	刘　杨	刘尔娴	张燕杰	刘　睿	陈水娇
戴　强	刘　斌	张　辉	朱冠华	王国军	杨思思
吴军玲	刘友贵	袁　琳	黄　森	曹　晋	李　黎
刘方勇	朱卫丰	朱金云	刘文松	陈丹丹	刘　波
				何　慧	汪　军

目录 CONTENTS

01 浅说房地产　　009
一、房地产的定义及分类……………………………………………………………010
二、房地产开发概要…………………………………………………………………019
三、房地产行业名词解释……………………………………………………………027

02 泛论交易　　037
一、房地产交易基础知识……………………………………………………………038
二、八步完成房地产交易全程………………………………………………………052
三、七种房屋贷款方式全流程解码…………………………………………………053
四、房地产买卖合同的约定…………………………………………………………059
五、房地产交易过程中四种常见问题解答…………………………………………063

03 细核税费　　067
一、现行房地产七种主要税类型……………………………………………………068
二、房地产交易的行政性收费………………………………………………………077
三、购房收费标准……………………………………………………………………079
四、实战案例分析……………………………………………………………………082

04 知晓登记 　　　　　　　　　　　　　　　　095

- 一、房地产权属登记相关概念······096
- 二、房地产权属七种登记种类······098
- 三、房地产权属登记······101
- 四、房地产权属登记的有关约定······103
- 五、商品房过户流程······107
- 六、房屋赠与流程······110
- 七、商品房产权转让的有关约定······111

05 粗谈规划 　　　　　　　　　　　　　　　　115

- 一、房地产规划基本概念······116
- 二、居住区四种建筑排列形式······119
- 三、建筑通风、采光规划······120
- 四、居住区的规划概念······127
- 五、居住区规划的性能要求指标······130
- 六、规划常用术语及指标······133

06 初品建筑 　　　　　　　　　　　　　　　　137

- 一、三种建筑物形式······138
- 二、建筑名词术语······143
- 三、房屋面积的计算方式······148

07 看懂施工图　　　　　　　　　　　159

一、建筑施工图中的基本知识……………………………………………… 160
二、施工图里面的建筑学问………………………………………………… 174
三、建筑施工图反映的具体实物…………………………………………… 177

08 详解户型　　　　　　　　　　　183

一、基于户型的楼盘价值案例分析………………………………………… 184
二、复式、跃层、错层常见户型图赏析…………………………………… 192
三、户型鉴别的具体标准…………………………………………………… 196
四、户型功能的说明………………………………………………………… 201
五、对室内功能区的进一步说明…………………………………………… 206
六、学会认识户型图………………………………………………………… 218

09 楼值鉴别　　　　　　　　　　　221

一、新手判断住宅优良的基本知识………………………………………… 222
二、新手如何判定一个商铺的价值………………………………………… 230
三、商铺价值鉴别实操案例………………………………………………… 232

10 论战营销　　　　　　　　　　　235

一、可行性研究……………………………………………………………… 236
二、市场调研………………………………………………………………… 239
三、前期策划………………………………………………………………… 243
四、营销策划………………………………………………………………… 246
五、销售组织………………………………………………………………… 249
六、销售执行………………………………………………………………… 254

11 房地产圈里圈外　　261

- 一、房地产行业相关主体……………………………………………262
- 二、房地产相关网站…………………………………………………271
- 三、房地产相关杂志报纸……………………………………………272
- 四、房地产相关教育、培训…………………………………………276
- 五、近年出台有关房地产的相关政策要点…………………………284

住宅地产新兵入门 01

浅说房地产
房地产基本概念

操作程序

一、房地产的定义及分类
二、房地产开发概要
三、房地产行业名词解释

本章使用指南

房地产是中国经济的支柱产业，与国民经济中举足轻重的钢铁产业、有色金属产业、建材产业、水泥产业、玻璃产业、家具产业等息息相关。房地产这个古老而又全新的行业，在中国的经济发展浪潮中，扮演着推动性的角色。同时，通过进一步的市场化考验和发展壮大焕发出新的活力，雄心勃勃的房地产企业正把握历史最好的战略机遇，期待着走向世界。

本章的主要目的是希望通过学习，清楚房地产的基本概念，以便于我们更好地了解房地产这个行业。

一、房地产的定义及分类

1. 区分房产、地产、房地产、泛地产的定义

（1）何谓房产

房产是指建筑在地面上的各种房屋，包括住宅，厂房，商业，仓库及服务、文化、教育、办公用房等。建筑物是指由人工建筑而成，由建筑材料、建筑构配件和设备等组成的整体物，包括房屋和构筑物两大类。

（2）何谓地产

地产是指土地和地下各种基础设施的总称，包括供水、供热、供气、供电、排水、排污等地下管线以及地面道路等；土地是指地球的表面及其上下一定范围内的空间，既是自然之物，又是劳动产物，体现在生产关系中，是社会所有权和使用权关系的载体；

（3）何谓房地产

房地产是房产和地产的合称，俗称不动产，它包括土地、建筑物及其他土地定着物。

（4）何谓泛地产

泛地产是指将狭义的房地产与工业、农业、商业、旅游业、体育、教育、科技等产业融合起来，形成各种"产业房地产"。在泛地产中，不一定以"房子"为核心。房子可能是主体，也可能只是附属的配套设施。泛地产的实质其实是一种"产业嫁接"，也就是房地产（尤其是住宅开发）与各种行业的嫁接，这是一个资源整合、优势互补的过程，它为地产业构筑一个更为宽广的运行平台和空间，最后产生"1+1 > 2"的产业效应。

2. 房地产业概念

房地产业是指从事房地产开发、经营、管理和服务的行业。房地产业的构成见图1-1。

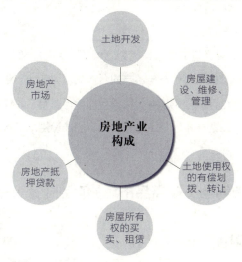

图1-1 房地产业构成

（1）房地产业分类

房地产业可分为房地产投资开发业和房地产服务业，见图1-2。

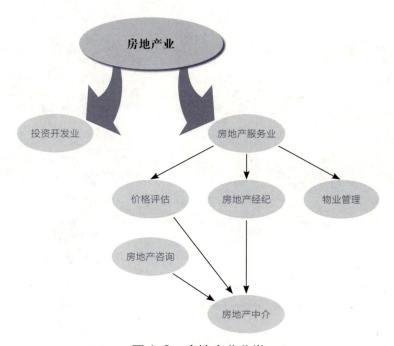

图1-2 房地产业分类

（2）房地产业与建筑业的区别和联系

房地产业与建筑业既有区别又有联系。

建筑业是物质生产部门，属于第二产业；房地产业兼有生产（开发）、经营、管理和服务等多种性质，属于第三产业。

两个产业之间有着非常密切的关系，因为它们的业务对象都是房地产。在房地产开发活动中，房地产业与建筑业往往是甲方与乙方的合作关系：房地产业是房地产开发和建设的甲方，建筑业是乙方；房地产业是策划者、组织者和承担发包者，建筑业则是承包单位，按照承包合同的要求完成"三通一平"等土地开发和房屋建设生产任务。

（3）房地产市场与一般商品市场的区别（表1-1）

房地产市场与一般商品市场的区别　　　　　　　　　　表1-1

比较项目	房地产市场	一般商品市场
市场形态	不完全竞争	完全竞争
产品特质	个别差异很大，异质性	产品具有同质性
价格决定	由少数买者与卖者决定	由市场供给和需求决定
地方习惯	使用习惯影响价格	价格不受使用习惯影响
信息、来源	信息渠道狭窄	信息渠道众多
法规管理	法规管理繁琐	较少法规管理
主客观因素	主观判断较多	客观判断较多
供给面	缺乏弹性	弹性较高
需求面	不确定性的需求因素	确定性的需求因素
保值能力	保值能力强	保值能力弱
预期心理	预期增值能力强，具投资性	预期增值能力弱
区位影响	影响力大	基本不受影响

3. 房地产功能分类类型

房地产功能分类如图 1-3。

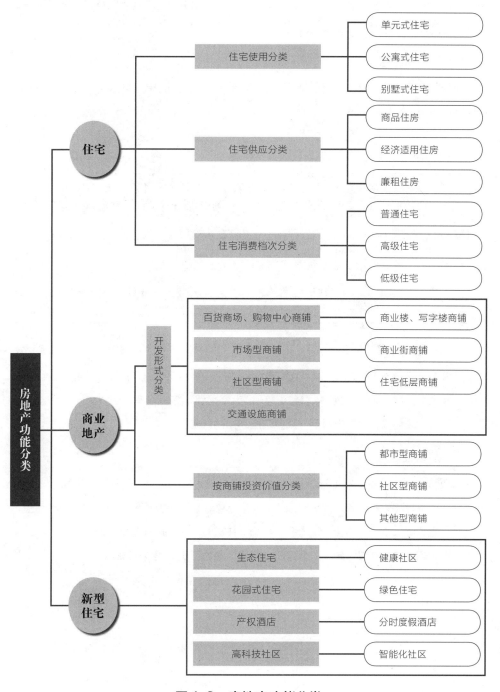

图 1-3 房地产功能分类

（1）住宅地产的9种类型

中国目前的住房政策明确指出：对高收入者供应商品住房，对中等收入者供应经济适用住房，对低收入者供应廉租住房，并对廉租住房的房租进行暗补或者明补，以满足不同收入水平居民住房的需求。

1）单元式住宅

单元式住宅又称梯间式住宅，是以一个楼梯为几户服务的单元组合体，一般为多、高层住宅所采用。其特点见表1-2。

● 单元式住宅特点　　　　　　　　　　　　　　　　　　　表1-2

特点1	每层以楼梯为中心，安排户数较少，一般为2～4户，大进深的每层可服务5～8户，住户由楼梯平台进入分户门，各户自成一体
特点2	户内生活设施完善，既减少了住户之间的相互干扰，又为住户提供方便
特点3	建筑面积较小，可以标准化生产，造价经济合理
特点4	仍保留一定的公共事业面积，如楼梯、走道、垃圾道，保持一定的邻里交往，有助于改善人际关系

2）公寓式住宅

公寓是外来概念，英文原型是"apartment"（公寓式住宅）。公寓住宅一般建在大城市，大多数是高层大楼，标准较高，内有若干单独使用的套房，包括卧室、起居室、客厅、浴室、厕所、厨房、阳台等。单元内可有一层或二层，如跳跃式住宅。

3）别墅住宅

从概念上讲，别墅住宅相当于独院独户的西式洋房或小洋楼，又称花园别墅。一般都是带有花园草坪和车库的独院式平房或二、三层小楼，建筑密度很低，内部居住功能完备，住宅水、电、暖供给一应俱全，室内装修豪华，并富有变化。户外道路、通信、购物、绿化也都有较高的标准，一般为高收入者购买。又可以分为三类（表1-3）：

01 浅说房地产

别墅分类 表1-3

类别	特征
豪宅类别墅	豪宅是为满足少数社会富裕群体对稀缺资源较多占有的需求而定制的豪华住宅。就国内的豪宅市场看，价格一般认为每套200万元以上(含装修)的城市公寓和300万元以上的别墅，作为大致的价值界限
普通别墅	第二居所性质，房主多用于度假或是采取"二加五"的生活方式周末居住
类别墅	作为第一居所，未必享有山水资源，相当于国外的普遍独立住宅。我国第一批独立住宅大多作为别墅来卖，以满足中国第一代富人的需要。销售层面称作别墅，但并不具有第二居所的含义

4）商品房

商品房是指房地产开发企业开发建设并出售、出租的房屋，并按照市场价进行交易。别墅住宅、跳跃式住宅、复式住宅等都属于商品房类型。

5）经济适用住房

常见的具有保障性质的政策性商品住房，为经济适用住房。一般经济适用住房，享受税费减免政策，建设标准控制在中小套型，在住房设计及其建筑标准上强调住房的使用效果和建筑质量。

经济适用住房的要求

经济适用住房售价实行政府指导价，即按保本微利的原则，由建设成本加上3%的开发建设利润确定。经济适用住房购买对象有明确界定，以惠及中低收入家庭。

6）廉租住房

廉租住房是指政府和单位在住房领域履行社会保障功能，向城镇常住居民的最低收入家庭提供租金相对低廉的普通住宅。廉租住房的一个重要特征就是：租住者无产权，这也是与经济适用住房的主要区别。

7）普通住宅

普通住宅是为普通居民提供的，符合国家人口、资金和土地资源等基本国情，适用国家一定时期的社会经济发展水平，而确立的国家标准住宅。它代表一个国家或地区城市居民实际达到或能够达到一定经济条件下的居住水平。

普通住宅的国家标准
1. 住宅小区建筑容积率在 1.0（含 1.0）以上。
2. 单套建筑面积在 120（含 120）m^2 以下；北京市是 140m^2 以下。
3. 实际成交价低于同级别土地上住房平均交易价格的 1.2 倍以下。

8）高级住宅

高级住宅是为满足市场高收入阶层的特殊需求而建造的高标准豪华型住宅，包括高级公寓、花园住宅和别墅等。高级住宅地段好、规模大、环境优雅，多位于城镇郊区，独立成为小区。多为低密度、低容积率、高品质、高绿化率的别墅群。这类住宅的户型和功能空间多样化，装修、设施和设备高档化，区内多数有游泳池、桑拿浴室、网球场、健身房、儿童游乐室等配套设施。这类比较富有代表性的楼盘如上海的珠江玫瑰园、陆家嘴花园、汤臣中心、仁恒滨江园等。

9）低档住宅

低档住宅主要指建筑较早、功能有所短缺、结构单薄、设备不全、设施陈旧的住房。其住宅结构大多为砖木结构，住宅成套或不独立成套；室内面积狭小，居住拥挤；室内分间或不分间，老少混居一室；厨房、厕所狭小或厨房厕所几户共用；室内几乎没有供水供电之外的其他设施，或几户共用一自来水水源。

（2）新型住宅的 8 种形式

1）生态住宅

生态住宅是运用生态学原理，遵循生态平衡、可持续发展、综合系统效率最优的原则，设计、组织建筑内外空间中的各种物质因素，使物质、能源在建筑系统内有秩序地循环转换，获得一种高效、低耗、无废、无污染、生态平衡的建筑环境。这里的环境不仅涉及住宅区的自然环境，如空气、水体、土地、绿化、动植物、能源等，也涉及住宅区的人文环境、经济系统和社会环境。

2）绿色住宅

绿色住宅不是一般人认为的绿化较好的住宅。实际上较高的绿化率只是绿色住宅内涵的一个方面，真正的绿色住宅的内涵是全方位的立体环保工程。它是既适应地方生态又不破坏地方生态的建筑，具有节地、节水、节能、改善生态环境、减少环境污染、延长建筑物寿命等优点。

01 浅说房地产

优点一：节约土地资源

新型建材、新型墙体的采用是"绿色住宅"的构成内容。住宅的墙体提倡使用高科技环保建材。如现在有一种新型的建材环保用砖，该砖采用发电厂排出的飞灰作为重要原料，抗压强度在 8MPa 以上，在防水、隔热、隔声和耐震强度上均优于一般红砖。另外有一种木屑制砖，该砖的重量只有普通砖的一半，但强度却是普通砖的两倍。

优点二：充分利用自然资源

住宅采光的设计不但影响居住者身体健康和生活质量，而且涉及能源的节约与浪费。如采用大面积玻璃，设计明厅、明卫、明厨等可节约大量的电能；尽可能采用太阳能热水系统，采用小区共用供热系统，都是充分利用自然能源的有效途径，可减少对大气的污染。

优点三：垃圾的分类处理

对垃圾的分类处理也属于绿色环保，与住宅环境息息相关。因此，专家也将垃圾分类处理纳入绿色住宅的内容。

3）花园式住宅

花园式住宅也叫西式洋房或小洋楼，即花园别墅。一般都是带有花园草坪和车库的独院式平房或二、三层小楼，建筑密度很低，内部居住功能完备，装修豪华，并富有变化，住宅水、电、暖供给一应俱全，户外道路、通信、购物、绿化也都有较高的标准，一般为高收入者购买。

4）分时度假住宅

分时度假英文为 Time Share，分时度假住宅全称应是分时段多产权度假公寓。这是一种将房地产、酒店住宿和旅游休闲度假完美结合的全新投资模式和度假住宿设施，起源于 20 世纪 60 年代的法国。最初只是几个亲朋好友共同购买一栋别墅，供大家不同时间分别使用。后来这种消费方式风靡欧洲，并在 20 世纪 70 年代引入美国后得到迅速发展，进而延伸到世界各地，成为全球推崇的新型休闲度假方式。

5）产权酒店

产权酒店是传统房地产向分时度假过渡的中间产品。这是把酒店客房分割出售，业主可以拥有酒店客房部分产权，除了每年的旅游度假居住外，其余时间可以委托酒店物业管理公司进行管理，并可享受每年的经营收益分红。

6）智能化社区

智能化社区是利用现代化 4C（即计算机、通信及网络、自控、IC 卡）技术，通过有效的传输网络，将多元信息服务与管理、物业管理与安防、住宅智能化系统集成，为住宅小区的服务与管理提供高技术的智能化手段，以实现快捷高效的超值服务与管理，提供安全舒适的家居环境。

在智能化住宅中通常分为甲级和乙级两个标准（表1-4）。除了乙级标准所有的功能外，甲级另需增加一些功能，同时整个系统应是一个由中央控制中心附带数个分控中心构成的集散控制系统。

◉ 智能化住宅分类　　　　　　　　　　　　　　　　　　　　　　　表1-4

标准类型	系统指标	具体功能
甲级标准	安全保安系统	实现可视对讲功能；门禁系统功能；家庭智能化报警增加的功能有：可进衍程序自动化控制功能、可实现室内无线遥控功能、通过电话递行远程遥控功能、电源控制及调光功能
	通信系统	实现住户主要房间有独立的信息点，光纤宽带多媒体信息网接入小区，提供外语电视节目
	信息服务系统	增加实现电子购物、电子图书馆、远程医疗登记等功能
	环境控制系统	实现家电自动控制功能；公共水电设施监视等功能
乙级标准	安全保安系统	实现小区周界的监控和红外线报警防范；火灾与煤气报警；紧急呼救报警；电话线被切断与防破坏报警
	通信系统	实现住户的至少两对电话线和一个宽带国际互联网络（Internet）插口；可接收有线电视网节目
	信息服务系统	实现三表远程计量，计算机网络功能及一些物业管理功能
	环境控制系统	实现背景音响与公共广播、出入口控制、社区公告板

7）高科技型住宅

这是指数字化、智能化建筑，包括自动调温、感应式照明、家电全自动遥控、计算机统一集中控制水、电、气费用等，以及利用信息高速公路实现家庭办公、网络购物等活动。

8）健康住宅

所谓"健康住宅"，指使居住者在身体、精神、社会上处于良好状态的住宅。具体来说，应具有以下八条标准（表1-5）：

健康住宅 8 条标准　　　　　　　　　　　　　　　　表 1-5

标准	具体内容
防污防毒标准	引起过敏症的化学物质浓度很低，尽可能不使用容易散发出化学物质的胶合板、墙体装修材料；二氧化碳浓度要低于 1000PPM；悬浮粉尘浓度要低于 0.15mg／m^2
通风换气标准	设有性能良好的换气设备，能将室内污染物质排至室外，特别是对高气密性、高隔热性住宅来说，必须采用具有风管的中央换气系统，进行定时换气；在厨房灶具或吸烟处，要设置排气设备
室温标准	起居室、卧室、厨房、走廊、浴室等室温应全年保持在 17～27℃之间
湿度标准	室内的湿度全年保持在 40%～70%之间
噪声标准	噪声级要小于 50dB
日照标准	一天的日照要确保在 3h 以上；设有足够亮度的照明设备
安全标准	住宅具有足够的抗自然灾害能力
舒适标准	具有足够的人均建筑面积，并确保私密性；住宅要便于护理老龄者和残疾人

二、房地产开发概要

1. 房地产开发含义

房地产开发是在城镇范围进行土地和房屋的建设开发。

从广义上讲，房地产开发是以城镇土地资源为对象，按照预定目的，进行改造加工，对地上进行房屋设施的建筑安装活动，以及为此而进行的规划、设计、经营管理活动的全过程。

狭义的房地产开发是按照预定的目的而进行的改造土地和建造房屋设施的经营管理活动过程。根据划分标准不同，房地产开发具有多种形式。

（1）按开发内容分类

1）综合开发

综合开发是指从规划设计、征地拆迁、土地开发、房屋建设、竣工验收，直到建成商品房进行销售、交付使用的整个过程。这是开发公司科学地组织开发建设、经营管理、服务的一项系统工程。

2）土地开发

土地开发是指办理征地拆迁和劳动力安置，搞好水通、电通、路通及土地平整的"三通一平"的全过程。

土地开发与综合开发的区别

土地开发不包括房屋建设的过程，一般是土地开发以后，按照当时的市场价格，通过拍卖、招标的方式，把已开发的土地转让给有关单位进行房屋建设，并按规定收取土地开发费。

3）房屋开发

房屋开发是在土地开发的基础上，获得土地使用权后，按照城市规划的要求，组织房屋设计、施工建设、竣工验收、出售、租赁等经营的全过程。

（2）按开发承担方式差异分类

根据房地产开发承担方式的不同，可分为（图1-4）：

独自开发
开发公司自己负责从本项工程的可行性研究、征地拆迁直到房屋建成经营的全过程

委托开发
接受用户或投资单位的委托，根据已划定的征地红线，进行规划设计、拆迁安置、组织施工，直到建成后交付委托单位。开发公司按规定收取开发管理费或承包费

房地产开发承担方式分类

分包开发
接受某项开发工程后，根据公司自身的能力和工程项目的性质、工程量的大小，将该工程分包给有关专业工程公司

图1-4　房地产开发承担方式分类

(3)按开发阶段分类

根据房地产开发阶段的不同,可分为(图1-5):

图 1-5 房地产开发阶段分类

(4)按开发用途分类

房地产按照开发的用途分类,可以分为工业物业开发,商业物业开发和住宅物业开发(图1-6)。

工业物业开发指将资金投入到工业标准厂房、仓库及其他工业项目的开发经营活动。

商业物业开发指将资金投入到商店、商业大厦、购物中心、仓库、加油站、饮食业、旅店、宾馆、批发和零售市场等物业的开发经营活动。

住宅物业开发指将资金投入到住宅开发,通过建造不同的住宅类型满足人们住房需求的开发经营活动。

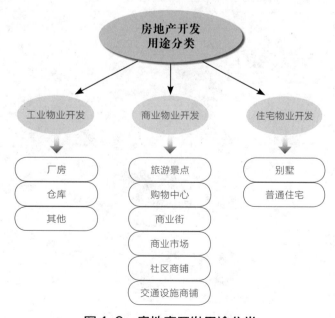

图 1-6 房地产开发用途分类

（5）按开发等级分类

房地产按照开发等级可分为：房地产一级开发、房地产二级开发。

一级开发指对国有土地（毛地）或农村集体土地（生地）进行统一征收、拆迁、安置、补偿，并进行适当配套设施建设，使其达到建设条件，再进行有偿出租或转让的过程。

二级开发指先将"生地"（不具备使用条件）开发成熟地（具备使用条件），然后再进行拍卖或出租，由买地者去建造房屋。

（6）按开发程度分类（表1-6）

● 房地产按开发程度分类表　　　　　　　　　　　　　　　表1-6

分类	内容
生地	生地主要是指可能为房地产开发和经营活动所利用，但尚未开发的农地
毛地	指具有一定城市基础设施，但土地上有待拆迁房屋的土地。毛地的生熟程度多种多样，一般介于建筑物地块的原料与半成品之间
熟地	经过"几通一平"的开发或已经拆迁完毕，具有完善的城市基础设施的土地，即建筑地块产品。土地经平整可直接进行房地产开发
在建工程	指地上建筑物尚未全部建成，还没有达到交付使用条件的房地产
现房	指地上建筑物已建成，可直接使用的房地产

2. 房地产开发范围

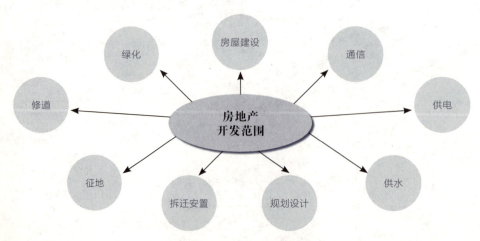

图1-7　房地产开发范围

01 浅说房地产

房地产开发范围包括从定点选址到交付使用的全过程，由征地与拆迁安置、规划设计、供水、排水、供电、通信、修道、绿化、房屋建设等多项内容组成（图1-7）。

3. 房地产开发流程环节

建筑工程按照建筑物的主要部位划分为：地基与基础、主体结构、建筑装饰装修、建筑屋面、建筑给排水及采暖、建筑电气、智能建筑、通风空调、电梯九个部分。地基与基础、主体结构先施工，在此期间，同时预埋水电管线、预留水电洞口，主体结构完成到一定程度后，内部装修、水电安装即可穿插进行，外装修一般待主体封顶后，从上至下进行施工。

知识点　建筑物从蓝图到使用的流程

建筑物从蓝图变成实物要通过施工才能得以实现，其主要过程为：勘察、设计——开工——施工——竣工验收——投入使用。

虽然房地产开发是一个十分复杂的过程，但从操作上看，每个开发项目都可分解为八个阶段（图1-8）。

图1-8　房地产开发项目八大阶段

（1）项目建议书阶段

项目建议书阶段，是指发起人根据国民经济的发展、国家和地方中长期规划、产业政策、生产力布局、国内外市场、所在地的内外部条件，提出的某一具体项目的意向性阶段，是对拟建项目提出的框架性的总体设想。对于大中型项目，有的工艺技术复杂、涉及面广、协调量大的项目，还要编制可行性研究报告，作为项目建议书的主要附件之一。

（2）可行性研究阶段

可行性研究阶段的主要任务是对投资项目或投资方向提出建议，即在一定的地区和部门内，以自然资源和市场的调查预测为基础，寻找最有利的投资机会。这个阶段，投资机会研究比较粗略，主要依靠笼统的估计而不是依靠详细的分析。该阶段投资估算的精确度为±30%，研究费用一般占总投资的 0.2%～0.8%。如果机会研究认为可行的，就可以进行下一阶段的工作。房地产可行性研究十大内容如图 1-9 所示。

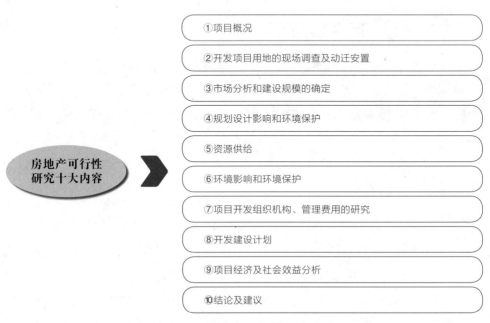

图 1-9　房地产可行性研究内容

（3）设计阶段

设计阶段需要根据开发企业的投资目的进行周密规划。通过设计招标方法，将工程主体及配套的围护、绿化等进行招标，采用最优的设计单位，按照开发计划，完成项目整体布局、形成建筑造型的蓝图。

（4）开工准备阶段

在确定开发项目和地点之后，围绕着土地这个中心问题，需要做一系列开发前的准备工作，主要内容有：在获取土地使用权之后，开展征用土地、拆迁安置、工程勘探、规划设计、"三通一平"（或"五通一平"、"七通一平"）等工作，为下阶段的地上建筑打下基础。

"三通一平"、"七通一平"

三通一平：指道路、供电、供水到位，场地平整；

七通一平：指道路、供热、供水、供电、供煤气（天然气）、给排水、排污、场地平整。

（5）施工阶段

这一阶段的开发工作主要由建筑承包商按合同和规划设计的方案实施。开发方的主要任务是：通过招投标，确定建设施工单位；保证工程施工进度，控制开发成本，解决施工中出现的纠纷，确保工程质量。要完成上述任务，开发方必须密切注意建设工程的进展，定期视察现场，加强有效的工程监理，直至竣工验收。

（6）竣工验收阶段

竣工验收不仅指房屋的建筑验收，还包括各种辅助设施和功能的验收（表1-7）。

竣工验收标准　　表1-7

验收项目	验收对象
道路及交通系统	包括城市内部交通道路、设施及城市对外交通道路、设施
能源系统	包括供电、供热、供气（煤气、天然气、石油液化气）等设施
给水、排水系统	包括取水工程、输水工程、净水工程、配水管网（上下水道）、排水管网、污水处理、排放工程
变频供水	变频供水就是取消了屋顶水箱，居民生活用水直接来自设立在小区的变频泵房输入，从而进一步大大提高了用水质量
邮电、通信系统	包括城乡邮电、通信系统
物业的竣工验收	建筑商完成了一项最终产品，开发商也完成了物业开发任务，这是他们之间的一个法定手续

（7）租售阶段

为了尽快回收资金，减少风险，开发商往往在建设施工阶段就开始预售房屋。随着国家对房地产业调控的力度不断加强，目前只有在房屋主体结构竣工后，才能进入营销阶段。

开发项目的获利模式

开发项目的营销有出售和出租两种方式，选择何种方式？通常要考虑市场、物业类型等方面的因素。一般来说，商品住宅多以成套出售为主；写字楼、商业用房、酒店、工业厂房，通常是租售并举，以出租为主。

（8）使用阶段

经过租售阶段后，房子进入了市场流通并通过销售和出租的方式开始了使用阶段。在使用阶段，有的用于出售，有的用于出租，功能各不相同。

4. 房地产开发的风险

房地产开发具有投资风险大、收益高、增值快的特点。其风险主要来自四个方面：

风险一：市场价格

由于房地产市场价格波动而给投资者带来损失的可能。

风险二：购买力

因物价上涨过快而造成投资收益水平下降的可能。

风险三：拖欠

由于房地产购买者财务状况的恶化而使房地产投资及其收益无法全部收回的可能。

风险四：不可抗力

由于自然灾害和意外事故的发生而给投资者造成损失的可能。

操作程序
三、房地产行业名词解释

1. 城市居住区、居住小区、居住组团

（1）城市居住区

城市居住区一般称居住区，泛指不同人口规模的居住生活聚居地，特指被城市干道或自然分界线所围合，并与居住人口规模30000～50000人相对应，配建有一整套较完善的、能满足该区居民物质与文化生活所需的公共服务设施的居住生活聚居地。

（2）居住小区

居住小区一般称小区，是被居住区级道路或自然分界线所围合，并与居住人口规模7000～15000人相对应，配建有一套能满足该区居民基本的物质与文化生活所需的公共服务设施的居住生活聚居地。

（3）居住组团

居住组团一般称组团，指一般被小区道路分隔，并与居住人口规模1000～3000人相对应，配建有居民所需的基层公共服务设施的居住生活聚居地。

2. 居住区用地

居住区用地是指住宅用地、公建用地、道路用地和公共绿地等四项用地的总称（表1-8）。

居住区用地的四种类型   表1-8

类型	内容
住宅用地	住宅建筑基底占地及其四周合理间距内的用地（含宅间绿地和宅间小路等）
道路用地	居住区道路、小区路、组团路及非公建配建的居民小汽车、单位通勤车等停放场地。
公共绿地	满足规定的日照要求，适合于安排游憩活动设施的、供居民共享的游憩绿地，应包括居住区公园、小游园和组团绿地及其他块状、带状绿地等
公共服务设施用地	一般称公建用地，是与居住人口规模相对应、配建的、为居民服务和使用的各类设施的用地，应包括建筑基底占地及其所属场院、绿地和配建停车场等服务配套。一般包括配套设施、公共活动中心、建筑小品用地

3. 居住密度

居住密度指单位用地面积上居民和住宅的密集程度，是一个包含人口密度、人均用地、建筑密度和建筑面积密度指标的综合概念（表1-9）。

居住密度的8个概念   表1-9

概念	要点	单位
人口毛密度	每公顷居住区用地上容纳的规划人口数量	人/公顷
人口净密度	每公顷住宅用地上容纳的规划人口数量	人/公顷
住宅建筑套毛密度	每公顷居住区用地上拥有的住宅建筑套数	套/公顷
住宅建筑套净密度	每公顷住宅用地上拥有的住宅建筑套数	套/公顷
平方米/公顷	每公顷居住区用地上拥有的住宅建筑面积	
住宅面积净密度	住宅面积净密度也称住宅容积率。是指每公顷住宅用地上拥有的住宅建筑面积，或以住宅建筑总面积（万m^2）与住宅用地（万m^2）的比值表示	m^2/公顷

续表

概念	要点	单位
建筑面积毛密度	建筑面积毛密度也称容积率,是每公顷居住区用地上拥有的各类建筑的建筑面积,或以总建筑面积(万 m^2)与居住区用地(万 m^2)的比值表示	m^2/公顷
住宅建筑净密度	住宅建筑基底总面积与住宅用地的比率	m^2/公顷
户室比	户室比又叫户型比,它是指各种户型在总户数中所占百分比,反映到住宅设计上,就是体现在一定数量住宅建筑中,各种不同套型住宅占住宅总套数的比重,如一栋住宅楼中,小套(或一室户)占 25%,中套(二室户)占 47%,大套(三室或四室户)占 28%	

经典案例

某小区居住密度指标计算示例

某小区总用地面积16.3公顷,其中,住宅用地7.1公顷,公建用地3.5公顷,道路用地2.8公顷,绿化用地公顷2.9公顷,小区能规划容纳总人口数5466人,住宅建筑面积220090m^2,公共建筑面积112590m^2,基底总面积为88036m^2,共规划住宅建筑1839套,其中小套占500套,中套875套,大套464套。从这些基本的数据,我们就能算出小区的居住密度各种数据。

各种居住密度指标计算

人口毛密度 =5466人/16.3公顷 =338.6人/公顷

人口净密度 =5466人/7.1公顷 =770人/公顷

住宅建筑套毛密度 =1839套/16.3公顷 =112.8套/公顷

住宅建筑套净密度 =1839套/7.1公顷 =259套/公顷

住宅面积净密度 =220090m^2/7.1公顷 =3.1万m^2/公顷

建筑面积毛密度 =(220090m^2+112590m^2)/16.3公顷 =2.04万m^2/公顷

住宅建筑净密度 =88036m^2/7.1公顷 =1.24万m^2/公顷

户型比计算

小套比 =500套/1839套 =27%

中套比 =875套/1839套 =48%

大套比 =464套/1839套 =25%

4. 建筑密度

建筑密度也称建筑覆盖率，指项目规划建设用地范围内所有建筑物的基底面积之和与规划建设用地面积之比（表1-10）。

建筑密度相关的7个概念　　　　　　　　　　　　　表1-10

名称	概念
套密度	套密度＝总套数／总用地面积
容积率	建设用地内的总建筑面积与建设用地面积的比值
实用率	房屋实用面积与建筑面积之比，大于使用率
使用率	住宅套内净面积即使用面积和住宅面积的比为使用率。一般高层塔楼在72%～75%之间，板楼在78%～80%之间
绿化率	绿化率＝植被垂直投影面积／居住区总面积×100%
绿地率	居住区用地范围内各类绿地的总和占居住区用地的比率。绿地应包括公共绿地、宅旁绿地、公共服务设施所属绿地和道路绿地，即道路红线内的绿地，不应包括屋顶、晒台的人工绿地
得房率	套（单元）内建筑面积与套建筑面积的比率

经典案例

某小区建筑密度指标计算示例

延伸上一个案例。某小区总用地面积16.3公顷，其中，住宅用地7.1公顷，公建用地3.5公顷，道路用地2.8公顷，绿化用地公顷2.9公顷，其中绿化覆盖面积7公顷，小区能规划容纳总人口数5466人，住宅建筑面积220090m^2，公共建筑面积112590，其中某户建筑面积125m^2，实用面积100m^2，使用面积93.75m^2，那么：

套密度＝1839套／16.3公顷＝112.8套／公顷

容积率＝（220090m^2+112590m^2）／16.3公顷＝2.04万m^2／公顷＝2.04

实用率＝100m^2／125m^2＝80%

使用率＝93.75m^2／125m^2＝75%

绿化率＝7公顷／16.3公顷＝43%

绿地率＝2.9公顷／16.3公顷＝17.8%

附件01：三组房地产关键概念辨析

绿地率≠绿化覆盖率

绿化率专业术语叫"绿地率"，是居住区用地范围内各类绿地的总和与居住区用地的比率。

绿化覆盖率基本计算公式在形式上与绿地率一样。区别主要体现在对"居住区用地范围内各类绿地"这一概念的不同理解上。

不是所有长草的地方都能算做绿地。绿地主要包括公共绿地、宅旁绿地、配套公建所属绿地和道路绿地等。即使是级别最低的零散的块状、带状公共绿地也要求宽度不小于8m，面积不小于400m^2，该用地范围内的绿化面积不少于总面积70%（含水面），至少要有1／3的绿地面积要能常年受到直接日照，并要增设部分休闲娱乐设施。而宅旁绿地等庭院绿化的用地面积，在设计计算时，也要求距建筑外墙1.5m和道路边线1m以内的用地，不得计入绿化用地。

此外，有许多地下设施，如地下车库、化粪池，这些设施的地表覆土一般达不到3m的深度，在上面种植的大型乔木成活率较低，所以计算绿地率时不能计入；而屋顶绿化、晒台绿化等装饰绿化的面积，虽然也是对小区的绿化与美化有益，但按目前国家的技术规范，这类绿化也不算正式绿地。在房地产开发过程中，政府把关的就是绿地率这一指标。根据北京的地方规定，凡符合规划标准的新建居住区，居住小区绿地率不得低于30%，且要保证居住区内人均2m^2，居住小区人均1m^2的规模。

绿化覆盖率所指的绿地，简单地说，就是有块草皮就可以计入，所以绿化覆盖率有时能做到60%以上。

使用率≠实用率

使用率和实用率读音相似，语意也相近，它们的区别一定要清晰。

使用率是住宅套内净面积即使用面积和住宅面积的比，一般70%～80%左右；

而实用率是套内建筑面积和住宅面积之比。实用率大于使用率，往往开发商用"实用率"代替"使用率"并混淆这个概念来吸引购房者。在这个问题上其实购房者不必太在意实用率或使用率的具体数据，户型设计是否合理、考虑究竟如何使用户内空间才是阅读户型图时的关键。

容积率≠住宅容积率

所谓容积率，是指一个小区的总建筑面积与用地面积的比率。

对于开发商来说，容积率决定低价成本在房屋中所占比例。而对于住户来说，容积率直接涉及居住的舒适度。绿化率也是如此，绿化率较高，容积率较低，建筑密度一般也就较低，开发商可用于回收资金的面积就少，而住户就越舒服。

住宅容积率也称住宅面积净密度，是指每公顷住宅用地上拥有的住宅建筑面积，或以住宅建筑总面积与住宅用地面积的比值。

也就是说，容积率面向整个小区，而住宅容积率仅仅包括住宅物业。

5. 常见房地产形态的14个英文缩写

（1）CBD（传统中央商务区）

CBD 是英文 Central Business District 的缩写，最早产生于 20 世纪 20 年代的美国。现代城市中央商务区由商务办公、金融和服务类三大职能设施构成。当代城市 CBD 拥有一下基本特征：

拥有高盈利水平的产业，以第三产业为主导；

拥有商务空间的最高聚集度；

具有最高的交通可大性，无一例外地处于城市干道系统的核心；

拥有最高的地价；

与城市最初的发源地、目前的地理中心有一定的关联性；

具有良好的社会服务条件、技术设施和城市景观；

借助信息交通维持在区域经济活动中的控制作用；

趋向于在社会组织体系中形成一个阶层，这一阶层与信息、科技领域重合的趋势显著。

（2）CONDO（分户式产权公寓）

CONDO 是英文 Condominiums 的缩写。作为一种独立的房屋形态，最早起源于美国，如今，作为一种比 Apartment（普通出租公寓）高级的公寓物业，CONDO 已经普遍流行于欧美及亚洲的新加坡等地。CONDO 的特征在于它是一个集合的社区，大家共有一个共享的公共部分，而公共部分有完善的生活配套和休闲设施，从而使生活简易轻松，方便自由。在美国，CONDO 已发展为一种高级商务公寓，主要用于投资，相当于目前南方的酒店式公寓。

（3）CID（中央科技区）

CID 是英文 Central Information District 的缩写，即中央信息区或中央科技区。它是高科技产业和人员大型聚集的区域。在区域拥有大量的高新技术企业和科研单位，方便技术的研发和投入使用。如北京的中关村，在中关村科技园、中关村软件园有很多知名的高科技企业，同时背靠北京大学、清华大学等学术机构。

（4）CLD（中央生活区）

CLD 指位于城市中心地带或紧绕中心而建的大型居住区域。CLD 由 CBD 的出现而诞生，因此具有明显的 CBD 相匹配的特征。须拥有便利的交通道路网络及完善的生活配套；同时由于为商界成功人士定做的，还要求拥有优美的生态环境、最佳的城市景观，能够永享城市中珍稀的大面积绿地；CLD 由于地处城市中心，地段珍贵稀有，其建筑规划设计上集中体现了高速发展的现代建筑的工艺技术。

（5）LOFT（开敞式住宅）

LOFT 出自美国，原意是指工厂或仓库的楼层，现指没有内墙隔断的开敞式平面布置住宅，也称为 STUDIO 或 STUDIO APARTMENT。LOFT 源自于艺术家们对自由的狂热，对反叛的热情，它已成为世界新人类的生活标签。其主要特点是在于建筑中采用"剪切"墙，只有四周的外墙承重。而单元内所有的分室隔墙和不承重的轻体墙体，全部可以拆除。LOFT 的客户对房间设施、居室面积及朝向没有苛刻的要求，追求对空间和环境的个性表达。LOFT 大规模的空间和它所带来的自由性，使人们有机会根据特殊的需要来组建不同的环境氛围。

（6）T—建筑

T—建筑指的是能与时间对抗，具有较长时间价值的建筑。

（7）MORE（移动商务居住区）

MOER 是英文 Mobile Office Residential Edifice（移动办公室住宅大厦）的缩写，其文意为移动、办公、居住等意，通常译为互动商务居住区。最常规的解释就是，在一个很有居住味道的社区里，配建大量真正的、传统意义上的办公空间或个性化的 loft 办公空间，提供包括全套商务解决方案的注册地点、会议室、商务中心、秘书服务、宽带网络、信息共享、资源互惠等。

（8）SHOPPING MALL（超级购物商场）

MALL 全称 SHOPPINGMALL，在中国一般音译"摩尔"或"销品贸"，意为超大型购物中心，属于一种新兴的复合型商业业态。西方国家也称 SHOPPING CENTER，即"购物中心"。近年来，MALL 开始席卷中国，迅速刮遍了北京、上海、深圳、广州等地。比较通俗的观点认为 shop ping mall 具有如下 2 个特征：

一是大：占地面积大、公用空间大、停车场大、建筑规模大。

二是全：功能全，集购物、餐饮、休闲、娱乐、旅游、甚至金融、文化功能于一体，进行全方位服务。

SHOPPING MALL

SHOPPING MALL 作为一种新兴的商业形态从 20 世纪 50 年代就开始盛行于欧美等发达国家，现已成为欧美国家的主流零售业态，销售额已占据其社会消费品总额的一半左右。

（9）SOHO（小型办公室）

SOHO是英文small office and home office的缩写，指的是小型办公室或家庭办公室，在房地产中一般特指商住两用型公寓。最早出现在20世纪80年代初的美国，之后，日本人建造出了SOHO住宅，以供那些小型公司或家庭办公者之需。在中国，北京的现代城就是这种楼盘的开创性代表之作。

（10）"XL"（超大码户型）

"XL"，乃超大尺码之意，"XL"户型，即超大码户型。如深圳的"翠海花园"就是这种概念的代表之作。

（11）SOLO（小户型住宅）

SOLO原意为独奏、单独、单独飞行，而作为一种建筑，SOLO意味着城市近中心地带超小户型住宅。其户型设计以超小为特点，一般为10~50m^2左右。

（12）TIME–SHARE（分时段多产权度假公寓）

正确的翻译应是分时段多产权度假公寓。这是一种将房地产、酒店住宿和旅游休闲度假完美结合的全新投资模式和度假住宿设施，起源于20世纪60年代的法国，最初只是几个亲朋好友共同购买一栋别墅，供大家不同时间分别使用。后来这种消费方式风靡欧洲，并在20世纪70年代引入美国后得到迅速发展，进而延伸到世界各地，成为全球推崇的新型休闲度假方式。

（13）TOWN HOUSE（联排式别墅）

真正意义上的TOWNHOUSE完全发源于古罗马，后来在英国和美国得到了开创性的发展，其形式主要就是二、三层的独立式建筑联排而成，这种建筑形式对人的居住考虑到两个方面：一是尊重人的独立性，能让一个家庭独门独院；一个是尊重土地的稀缺性，让一个城市土地既能满足较高的居住要求，又能有节制地进行土地开发。

（14）VS（别墅式户型）

VS是英文Villa Style缩写，意思是"别墅式户型"，这个概念在一定程度上反映了楼盘的内在品质。VS户型概念将为白领、私企老板等提供一个"别墅式"的居住环境，这些户型由三层组成，面积在150m^2左右。

新手知识总结与自我测验

总分：100 分

第一题：写出您印象最深的五个房地产关键词。（5 分 / 个，共 25 分）

_____
_____
_____

第二题：闭上书本，您能否尝试写出房地产开发的流程。（20 分）

_____
_____
_____

第三题：什么叫"三通一平"？（20 分）

_____
_____
_____
_____

思考题：某小区总用地面积 20 万 m^2，住宅建筑面积 25 万 m^2，公共建筑面积 12 万 m^2，基层面积 7 万 m^2，其容积率是多少？（35 分）

_____
_____
_____

得分： 　　　　　　　　　　签名：

住宅地产新兵入门 02

泛论交易
房地产交易知识

操作程序

一、房地产交易基础知识
二、八步完成房地产交易全程
三、七种房屋贷款方式全流程解码
四、房地产买卖合同的约定
五、房地产交易过程中四种常见问题解答

房地产的交易,一方面活跃了整个房地产市场,将不动产的房地产作为一种商品上市流通,形成了不同人之间的供需关系;另一方面,交易的房产作为一种商品形态,吸引了更多的市场主体参与,从而创造和优化了整个产业链条,并通过市场"无形的手",进行产业分工和协调,完善了整个房地产市场。

一、房地产交易基础知识

1. 主要房地产权属概念

（1）使用权房

使用权房是指由国家以及国有企业、事业单位投资兴建的住宅，政府以规定的租金标准出租给居民的公有住房。

（2）公房

公房也称公有住房，国有住宅。它是指由国家以及国有企业、事业单位投资兴建、销售的住宅，在住宅未出售之前，住宅的产权（拥有权、占有权、处分权、收益权）归国家所有。

目前居民租用的公有住房，按房改政策分为两大类：

1）不可售公房

指根据本市现行房改政策还不能出售给承租居民的公有住房，它主要包括旧式里弄、新式里弄、职工住房等厨房、卫生合用的不成套房屋，也包括部分公寓、花园住宅等成套房屋。

2）已购公房

已购公房又称售后公房，就是购买的公有住房。

（3）单位产权房

单位产权房是指产权属于单位所有的房屋，也称系统产权房、系统房。

（4）私房

私房也称私有住宅，私产住宅。它是由个人或家庭购买、建造的住宅。在农村，农民的住宅基本上是自建私有住宅。公有住房通过住宅消费市场出售给个人和家庭，也就转为私有住宅。

（5）共有房产

指两个或两个以上的人对全部共有房产不分份额地享有平等的所有权。

（6）集资房

集资房是改变住房建设由国家和单位统包的制度，实行政府、单位、个人三方面共同承担，通过筹集资金，建造的房屋。职工个人可按房价全额或部分出资，信贷、建材供应、税费等方面给予部分减免。集资所建住房的权属，按出资比例确定。个人按房价全额出资的，拥有全部产权，个人部分出资的，拥有部分产权。

（7）商品房

商品房是指开发商以市场地价取得土地使用权进行开发建设并经过国土管理部门批准在市场上流通的房地产，它是可领独立房地产证并可转让、出租、继承、抵押、赠与、交换的房地产。

（8）保障性住房

保障性住房是我国城镇住宅建设中较具特殊性的一种类型住宅，它通常是指根据国家政策以及法律法规的规定，由政府统一规划、统筹，提供给特定的人群使用，并且对该类住房的建造标准和销售价格或租金标准给予限定，起到社会保障作用的住房。

保障性住房又分为公共租赁房、经济适用住房、两限房、廉租住房等。

1）公共租赁房

公共租赁住房，简称公租房，是解决新就业职工等夹心层群体住房困难的一个产品。公共租赁住房不是归个人所有，而是由政府或公共机构所有，用低于市场价或者承租者可承受的价格，向新就业职工出租，包括一些新的大学毕业生，还有一些从外地迁移到城市工作的群体。

2）廉租住房

廉租房是指政府以租金补贴或实物配租的方式，向符合城镇居民最低生活保障标准且住房困难的家庭提供社会保障性质的住房。廉租房的分配形式以租金补贴为主，实物配租和租金减免为辅。我国的廉租房只租不售，出租给城镇居民中最低收入者。

3）两限房

两限房全称为限房价、限套型普通商品住房，也被称为"两限"商品住房。两限房指经城市人民政府批准，在限制套型比例、限定销售价格的基础上，以竞地价、竞房价的方式，招标确定住宅项目开发建设单位，由中标单位按照约定标准建设，按照约定价位面向符合条件的居民销售的中低价位、中小套型普通商品住房。

4）经济适用住房

经济适用住房是指已经列入国家计划，由城市政府组织房地产开发企业或者集资建房单位建造，以微利价向城镇中低收入家庭出售的住房。它是具有社会保障性质的商品住宅（图2-1）。

图2-1 经济适用住房的两大特点

5）安居商品房

指实施国家"安居（或康居）工程"而建设的住房（属于经济适用住房的一类）。是党和国家安排专项贷款和地方自筹资金建设的面向广大中低收家庭，特别是对 $4m^2$ 以下特困户提供的销售价格低于成本、由政府补贴的非营利性住房。

保障性住房的权属问题

保障性住房的权属较为复杂，带租性质的权属一般属于国家，使用者只有使用权；带售性质的住房所有权和使用权都是属于使用者，但是对其上市交易各地作出了明确的规定。

2. 房地产典型衍生名词

（1）二手房

二手房即旧房。新建的商品房进行第一次交易时为"一手"，第二次交易则为"二手"。

（2）期房

期房是指开发商从取得商品房预售许可证开始至取得房地产权证大产证止，在这一期间的商品房称为期房，消费者在这一阶段购买商品房时应签预售合同。购买期房也就是购房者购买尚处于建造之中的房地产项目。

（3）现房

现房是指开发商已办妥房地产权证（大产证）的商品房，消费者在这一阶段购买商品房时应签出售合同。通常意义上指的现房是指项目已经竣工可以入住的房屋。

（4）外销房

外销商品房是由房地产开发企业建设的，取得了外销商品房预（销）售许可证的房屋，外销商品房可以出售给国内外（含港、澳、台）的企业、其他组织和个人。

（5）内销房

内销商品房是由房地产开发企业建设的，取得了商品房销售许可证的房屋，内销商品房可以出售给当地企事业单位和居民。

（6）准现房

准现房是指房屋主体已基本封顶完工，小区内的楼宇及设施的大致轮廓已初现，房型、楼间距等重要因素已经一目了然，工程正处在内外墙装修和进行配套施工阶段的房屋。

（7）尾房

尾房又称扫尾房，它是房地产业进入散户零售时代的产物，是空置房中的一种。一般情况下，当商品住宅的销售量达到80%以后，一般就进入房地产项目的清盘销售阶段，此时所销售的房产，一般称为尾房。

尾房的特点

开发商经过正常的销售后剩下了少量没有竞争力的房子，这些房子或朝向不好、采光不足，或是楼层不佳、位处两级，其中一层大多不带小花园且遮挡较严重。

（8）烂尾房

烂尾房是指那些由于开发商资金不足、盲目上马，或者错误判断供求形势，开发总量供大于求，导致大面积空置，无法回收前期投资，更无力进行后续建设，甚至全盘停滞的积压楼宇。"烂尾"的情况一般不会发生在房产推售时，而是随着项目的不断推进，一步步显现。

（9）福利商品房

指政府按住房制度改革方案免除房地产的地价，按房屋的成本造价售给企业或符合条件的职工，带有福利性质的房屋。1998年，《关于进一步深化城镇住房制度改革，加快住房建设的通知》文件出台，决定自当年起停止住房实物分配，建立住房分配货币化、住房供给商品化、社会化的住房新体制。

（10）房改房

国家企事业单位为本单位职工解决的公有住房，在房屋改革时期按国家政策，出售给原住房人的房屋叫房改房。房屋改革初期，为了实行住房商品化，国家出台优惠政策，企事业单位根据政策，将分配给职工的公房以成本价或优惠价卖给个人，从而成为部分产权的私有房屋的一种改革。房改房作为一种享受国家房改优惠政策的住宅，它是一种比较特殊的保障房，不同于一般的商品房，其上市是有一定规定的。房改房上市出售要补交土地出让金。

（11）微利商品房

与福利房不同在于不免地价，并有略高于房地产成本的微利，这类房屋由市政府主管单位筹资建设，用来解决企业职工住宅困难户，价格由政府确定，实行优惠价格政策。

（12）安置房

指因城市规划、土地开发等原因进行拆迁，而安置给被拆迁人或承租人居住使用的房屋。根据我国法律的规定，安置房的转让交易需要在取得该安置房房产证后才可以进行，这时的过户交易与一般的房屋没有任何区别之处。

3. 房地产交易相关名词

（1）住房维修基金

住房维修基金是房屋共用部位、共用设施设备发生损坏时，用于进行中修、大修、翻修和更新改造等所需储存的资金。

北京市住房维修金规定

北京市商品住宅购房者应按购房款的2%向市、区县房地产主管部门或由市、区县房地产主管部门委托的交易管理部门交纳维修基金。

042

（2）物业管理

物业管理是指物业管理企业受物业所有人委托，依据物业管理合同，对物业的房屋建筑及设备、市政公用设施、绿化、卫生、交通、治安和环境容貌等管理项目进行维护、修缮和整治，并向物业所有人和使用人提供综合性的有偿服务。

（3）业主委员会

由物业内的业主组成的。按照有关规定，业主大会必须有过半数以上持有投票权的业主出席方能进行。业主可以委托代理人出席业主大会，不满十八周岁的业主由其法定代理人出席。

（4）入伙

业主领取钥匙，接房入住。

（5）居间中保

二手房中介市场为保证买卖双方合法权益、保证房屋交易正常进行承担的中间担保业务。具体步骤是：按双方买卖合同的规定，将买方的资金如数如期划给卖方，将卖方的房屋产权手续和腾退的房屋如期移交给买方，使双方各得其所，避免互不信任、甚至诉诸法律的情况发生。目前已有多家房产市场推出此业务。

（6）定金

在房地产行业常常也称作"诚意金"，是在正式交纳定金之前，交纳有效期较短的"少量定金"，数额一般较短，只要收取"定金"的一方认可，如交纳"定金"的一方无法履行承诺，"定金"可以退还，所以"定金"不具有惩罚性。

（7）违约金

违约金是指违约方按照法律规定和合同的约定，应该付给对方的一定数量的货币。违约金是对违约方的一种经济制裁，具有惩罚性和补偿性，但主要体现惩罚性。只要当事人有违约行为且在主观上有过错，无论是否给对方造成损失，都要支付违约金。

（8）炒地皮

对到手土地使用权的转售。以法定最低投入进行开发为前提。涉外房地产经营包括中外合资、合作及外商独资经营企业在我中国占有、使用或经营房地产。

何谓晒地皮

土地投机商对某地段土地预期地价呈上涨定势的评估无疑的前提下,买下地皮(即土地使用权),地价到达预期价位才出售来牟利,以获得囤积土地的高利润的行为。

(9)典契

典契是典当契约的简称,指房屋等不动产进行典当时出典人与承典人之间签订的书面契约。

(10)典权

典权指承典人对典物行使使用和收益的权利。典权的标的物,一般仅限于房屋等不动产,我国法律规定禁止土地典当。

(11)典物

典物指典权的标的物。

(12)典期

典期指典当关系存续的时间。典契上未注明典期的并不是无限期的典当关系,群众习惯用年为期限。

(13)房产公证

房产公证是指公证机关根据当事人的申请,依法证明与房产有关的法律行为、有法律意义的事实和文书的真实性、合法性的活动。房产公证是一项常见的公证业务,内容十分广泛,主要包括房产买卖合同公证、房产租赁合同公证、房产抵押合同公证、商品房预售合同公证、房产继承公证、房产赠予公证、房产转让、协议公证、房产互换协议公证、房产侵害协议公证、房屋拆迁(补偿、安置)协议公证、确认房屋产权公证、涉及房产委托书公证等。

(14)买房尾款

买房尾款是指购房者采取一次性付款或分期付款的方式支付房价款时,约定交房时间或条件,待时间达到或条件达成时,购房者再支付剩余的房价款。

（15）房屋财产保险

房屋财产保险是指以房屋及其附属设备为保险标的物的保险。房屋财产保险分别属于企业财产保险和家庭财产保险两个保险种类之中。

（16）交易过户

交易过户是指房产通过交易使所有权从出让人转移到受让人从而完成房屋产权登记变更的过程。

（17）保证金

指按照有关规定，个人将拥有合法产权的住房转让时，就其应纳税所得，按照个人所得税税率计算的，个人所得税纳税保证金。

（18）应征、实征

应征是指按照有关政策法规规定各单位及个人应该交纳的税费金额。

实征指由有关部门收取或由房地产管理部门代征实际收到的税费金额。

4. 商品房销售管理相关内容

（1）商品房预售

商品房预售是指房地产开发企业将正在建设中的房屋预先出售给买受人，由买受人预付定金或房价款的行为。由于从预售到竣工交付的时间一般较长，开发商和购房人都可能由于延期交付、质量不符而承担较大的风险。

1）商品房预售的条件

为规范商品房预售行为，加强商品房预售管理，保障购房人的合法权益，《中华人民共和国城市房地产管理法》明确规定了"商品房预售实行预售许可证制度"。

商品房要达到预售条件必须满足如下四个条件：

条件1：已交付全部土地使用权出让金，取得土地使用权证书。

条件2：持有建设工程规划许可证和施工许可证。

条件3：按提供预售的商品房计算，投入开发建设的资金达到工程建设总投资的25%以上，并已确定施工进度和竣工交付日期。

条件4：开发企业向城市、县人民政府房产管理部门办理预售登记，取得《商品房预售许可证》。

2）商品房预售许可

我国商品房预售实行预售许可制度，开发企业申请办理《商品房预售许可证》时应向市、县人民政府房地产管理部门提交下列证件及资料（图2-2）：

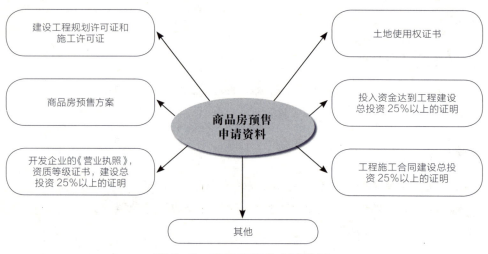

图2-2　商品房预售申请资料

3）售房必须持有的五证（表2-1）

● 售房必须持有的五证　　　　　　　　　　　　　　　　　　　　表2-1

证件名称	证件说明
建设用地规划许可证	建设单位在向土地管理部门申请征用、划拨土地前，经城市规划行政主管部门确认，且建设项目位置和范围符合城市规划的法定凭证
国有土地使用证	向国家支付土地使用权出让金而获得了在一定年限内某块国有土地使用权的法律凭证
建设工程规划许可证	本证是有关建设工程符合城市规划要求的法律凭证。其核发的目的是确认有关建设活动和合法地位，保证有关建设单位和个人的合法权益。该证件同时也是建设活动中接受监督检查时的法定依据
建设工程施工许可证	本证是建筑施工单位符合施工各种条件、允许其开工的批准证件

证件名称	证件说明
商品房销售许可证和商品房预售许可证	此两证是市、县人民政府房地产行政管理部门允许房地产开发企业销售商品房的批准性证件

4）商品房预售合同登记备案

房地产开发企业取得了商品房预售许可证后，可以向社会预售其商品房，并与承购人签订书面预售合同。商品房预售人应当在签约之日起 30 日内，持商品房预售合同到县级以上人民政府房产管理部门和土地管理部门办理登记备案手续。

（2）商品房现房销售

现房销售是指房地产开发企业将竣工验收合格的商品房出售给买受人，并由买受人支付房价款的行为。现房销售和预售相比，现房的价格往往比期房高，现房看得见摸得着，对购房人来说相对风险小，可以随时交购房款、随时入住。现房销售对开发商来说也是回收全部投资的一个重要环节。

1）现房现售的概念

现售房地产的，转让人的土地使用权和建筑物、附着物的所有权应当依法登记，并取得房地产权利证书；以买卖方式转让房地产时，在同等条件下，房地产共有人、房地产承租人有优先购买权；受让人有权对房地产物状况，包括权属结构、装修、抵押关系、租赁关系、相邻关系、土地出让合同等资料进行了解，转让人有提供有关资料的义务。

现房销售前有租约的约定

私有房屋在租赁期内，因买卖、赠与或者继承发生房屋产权转移的，原租赁合同对承租人和新房主继续有效。带租约的房屋出售之后，租赁合同的主体变更到新的业主名下，合同应该继续履行。在该种情形下，租客的租赁权是受到法律保护的，不因房屋产权变动而发生变化。

2）商品房销售的条件

《商品房销售管理办法》规定，商品房销售必须符合以下条件：

条件 1：出售商品房的房地产开发企业应当具有企业法人营业执照和房地产开发企业资质证书。

条件 2：取得土地使用权证书或使用土地的批准文件。

条件 3：持有建设工程规划许可证和施工许可证。

条件4：已通过竣工验收。

条件5：拆迁安置已落实。

条件6：供水、供电、供热、供气、通信等配套设施设备具备交付使用条件，其他配套基础设施和公共设备也具备交付使用条件或已确定施工进度和交付日期。

条件7：物业管理方案已落实。

3）商品房销售代理

房地产销售代理是指房地产开发企业或其他房地产拥有者将物业销售业务委托专门的房地产中介服务机构代为销售的一种经营方式。三大销售代理模式见图2-3，销售代理资格见图2-4。

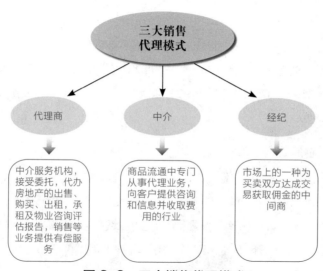

图2-3　三大销售代理模式

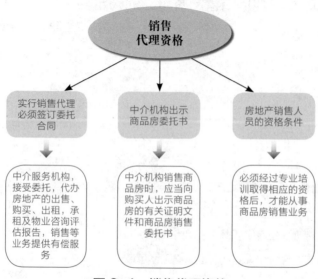

图2-4　销售代理资格

代理佣金的确定

代理佣金是中介机构完成一宗房地产经纪业务后获取的报酬,它是一种劳动收益、风险收益和经营收益的结果。如深圳规定:房地产经纪机构开展经纪业务时,有权获取佣金1.5%。

4)商品房销售中禁止的行为

禁止1:房地产企业不得在未解除商品房买卖合同前,将作为合同标的物的商品房再行销售给他人。

禁止2:房地产开发企业不得采取返本销售或变相返本销售的方式销售商品房。

禁止3:房地产开发企业不得采取售后包租或者变相售后包租的方式销售未竣工商品房。

禁止4:商品住宅必须按套销售,不得分割拆零销售。

不符合商品房销售条件的,房地产开发企业不得销售商品房,不得向买寻人收取任何预定款性质费用。

(3)商品房交易的诸多形式

1)商品房预售

商品房预售流程如图2-5所示。

图2-5 商品房预售的流程

2)商品房按揭

按揭又称抵押贷款,具有房地产抵押及分期还款两层含义。按揭人将物业的产权转让予按揭受益人作为还款保证,还款后,按揭受益人将物业的产权转让给按揭人。

具体说来,按揭贷款是指购房者以所购得的楼宇作为抵押而从银行获得的贷款,购房者按照按揭合同约定的归还方式和期限分期付款给银行,银行按照一定的利率收取利息。如果贷款人违约,银行有权收走房屋。

3)商品房抵押

指抵押人(债务人或第三人)以自己的房屋作为抵押物价权人,在债务人到期不履行债务时,债权人有权依法律规定将抵押的房屋折价或对变卖该抵押房屋的价款优先受价。

4）商品房赠与

房地产赠与是指当事人一方将自己拥有的房地产无偿地转移给他方的法律行为。从事房地产转让经纪业务的自然人、法人和其他组织，应当取得相应资格，取得资格的条件和程序按市政府规定办理；房地产转让，当事人应当依法纳税。

5）商品房内销外租

按照规定，外籍人士以及港、澳、台同胞只能购买市场上销售的外销房，同样，也只能租赁市场上的外销房或有外租权的内销房。在一些地区，对较好的内销房，准予放行并发放外租许可证。办理了外租手续的内销房，相对于外销房而言，不仅投资者的投资成本低，而且可以名正言顺地出租给外籍及港澳台人士，租金收益也比一般的内销房要高得多。

外销房的投资回报率

现在市场上外销房的投资回报率在12%～13%；内销房的投资回报率在8%～10%。也就是说，投资者可以早4～5年收回投资成本。

6）商品房以旧换新

以旧换新业务是产权置换的一种形式，是指居民以自身原有产权房作价，并补交原房作价与商品房售价差额后，可置换商品房，原房归开办此业务的开发商或中介公司所有。值得一提的是，双方办理完物业交割后，共同到市房地产交易主管部门办理买卖立契过户手续，原房与置换商品房的买卖立契并案办理。

7）商品房产权调换

产权调换是指拆迁人用易地或再建房屋与被拆迁人的房屋进行交换，被拆迁人原来的房屋被拆除后仍然保留相应房屋的产权。产权调换的补偿标准，按照产权人被拆除房屋的建筑面积计算。

5. 10个常见的商品房销售价格术语

常见商品房销售价格术语如表2-2所示。

10个常见的商品房销售价格术语　　　　　　　　　　　　表2-2

术语名称	概念及内容
均价	各单位的销售价格相加之后的和数除以单位建筑面积的和数，即得出每平方米的均价

续表

术语名称	概念及内容
基价	基价也叫基础价，是指经过核算而确定的每平方米商品房基本价格。商品房的销售价一般以基价为基数增减楼层、朝向差价后而得出
起价	也叫起步价，是指某物业各楼层销售价格中的最低价格，即是起价。多层住宅，不带花园的，一般以一楼或顶楼的销售价为起价；带花园的住宅，一般以二楼或五楼做为销售的起价。高层物业，以最低层的销售价为起步价
预售价	商品房预（销）售合同中的专用术语。预售价不是正式价格，在商品房交付使用时，应按有批准权限部问核定的价格为准
开盘价	与"内部认购"相类似，商品房的"开盘价"中也包含了某种优惠因素，一般情况下，项目正式开盘时，房地产营销商为了创造一种旺销氛围，保持项目物有所值的美好形象，往往做出切实的让利，其优惠的可信度较高
一次性买断价	一次性买断价是指买方与卖方商定的一次性定价。一次性买断价属房产销售合同中的专用价格术语，确定之后，买方或卖方必须按此履行付款或交房的义务，不得随意变更
清盘价	当商品住宅的销售量达到80%以后，一般就进入了房地产项目的清盘销售阶段，此时价格一般较低。因为清盘房基本是现房，房间本身的质量问题已经经过竣工后的一段时间的检验，问题基本暴露出来，购房者可以心明眼亮，精挑细选，也可以让开发商进行返修，保证其内在的质量。清盘房一般在房型、层次、朝向的选择方面有一定的局限，一般底层与顶层的住宅、朝向不太好的住宅余留比较多
平面价差	平面方位不同产生的价格差异
主体价差	不同楼层产生的价格差异
议价空间	讨价还价的价格差异

"起价"规律

即起步价为顶层楼的价格，一楼价为起步价加5%，二楼价为起步价加15%，三楼加25%，四楼价加20%，五楼价为起步价加10%。但是有的房地产开发企业的"起步价"，则是根据市场需求和销售情况作特殊处理。

操作程序

二、八步完成房地产交易全程

第一步：信息沟通

开发商和购房者双方建立信息沟通渠道，购房者了解房屋整体现状及产权状况，开发商提供合法的证件，包括房屋所有权证书及其他证件。

第二步：签订合同

如开发商提供的房屋合法，可以上市交易，购房者交纳购房定金（交纳购房定金不是商品房买卖的必经程序），买卖双方签订房屋买卖合同（或称房屋买卖契约）。买卖双方通过协商，对房屋坐落位置、产权状况及成交价格、房屋交付时间、房屋交付、产权办理等达成一致意见后，双方签订至少一式三份的房屋买卖合同。

第三步：合同申请

双方共同向房地产交易管理部门提出申请，接受审查。双方向房地产管理部门提出申请手续后，管理部门要查验有关证件，审查产权，对符合上市条件的房屋准予办理过户手续，对无产权或部分产权又未得到其他产权共有人书面同意的情况拒绝申请，禁止上市交易。

第四步：立契

房地产交易管理部门根据交易房屋的产权状况和购买对象，按交易部门事先设定的审批权限逐级申报审核批准后，交易双方才能办理立契手续。

第五步：缴纳税费

税费的构成比较复杂，要根据交易房屋的性质而定。比如房改房、危改回迁房、经济适用房与其他商品房的税费构成是不一样的。一般的交易税费涉及土地增值税、契税、印花税、所得税和房屋交易手续费等。

第六步：产权过户

交易双方在房地产交易管理部门办理完产权变更登记后，交易材料移送到发证部门，买方凭领取房屋所有权证通知单到发证部门申领新的产权证。

第七步：银行审贷

对贷款的买受人来说，在与开发商签订完房屋买卖合同后由双方共同到贷款银行办理贷款手续，银行审核买方的资信，对双方欲交易的房屋进行评估，以确定买方的贷款额度，然后批准买方的贷款，待双方完成产权登记变更，买方领取房屋所有权证后，银行将贷款一次性发放。

第八步：交易完成

买受人领取房屋所有权证、付清所有房款，卖方交付房屋，交易履行完毕。

操作程序

三、七种房屋贷款方式全流程解码

1. 银行按揭贷款流程

（1）银行按揭贷款概念

银行按揭贷款是指购房者购买楼房时与银行达成抵押贷款的一种经济行为，业主会付一部分楼款，余款由银行代购房者支付，购房者的楼房所有权将抵押在银行，购房者将分期偿还银行的贷款及利息，偿还完毕后，楼房所有权归己。

（2）按揭贷款九大流程（图2-6）

图2-6　银行按揭贷款九大流程（以中国建设银行为例）

（3）银行按揭所需资料（图2-7）

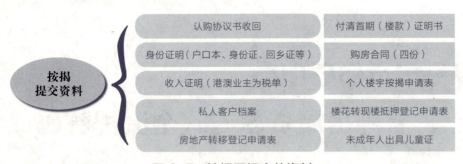

图2-7　按揭需提交的资料

（4）按揭所需交纳的各项费用

1）公证费

国内人士自愿，港、澳、台、外籍人士必需。公证费＝标的额 × 相应优惠价费率（表2-3）。收费单位为公证处。

02 泛论交易

● 公证费收费标准（以北京为例） 表 2-3

序号	合同标的	标准收费	累计收费
A	50 万元（含）以下	0.3%	合同标的 ×0.3%
B	50 万～500 万元（含）	0.25%	A+ 合同标的 ×0.25%
C	500 万～1000 万元（含）	0.2%	B+ 合同标的 ×0.2%
D	1000 万～2000 万元（含）	0.15%	C+ 合同标的 ×0.15%
E	2000 万～5000 万元（含）	0.1%	D+ 合同标的 ×0.1%
F	5000 万～10000 万元（含）	0.05%	E+ 合同标的 ×0.05%
G	10000 万元以上	0.01%	F+ 合同标的 ×0.05%

分段计算后累计，最低 20 元。

2）保险费

房屋保险一般由屋主或住户投保，保险费率为 0.1%～0.2%，发生损失时，保险公司按房屋的实际价值计算赔偿，但以不超过保险金额为限。

保险费 = 房价 × 承保年限相对应费率 × 承保年限。

3）其他费用

● 其他费用一览表 表 2-4

项目	收费标准	收款单位
律师费	500 元 / 笔	律师所
抵押登记费	100 元 / 笔	国土局（律师代收）
印花费	贷款金额 ×0.05%	税务局（律师代收）

2. 公积金贷款八大流程

第一步：借款人到住房资金管理（分）中心填写《借款申请表》，并提供相关资料。

第二步：住房资金管理（分）中心对借款人进行初审，包括核验借款申请表、核定借款额度和期限、确定贷款担保方式。

第三步：初审合格，由受托银行对借款人进行调查，内容包括：购房行为是否合法；抵押物或质物是否符合要求；收入情况，是否有偿还本息的能力；有保证人的，保证人是否具有保证资格等。

第四步：经受托银行调查合格，受托银行出具调查意见书递交住房资金管理（分）中心，由住房资金管理（分）中心审批。

第五步：审批通过，住房资金管理（分）中心签发委托贷款通知单。

第六步：受托银行接到通知单后，与借款人签订借款合同，办理抵押、质押或担保手续，签订委托转账付款授权书，开立个人贷款专用账户。

第七步：借款合同生效，住房资金管理（分）中心将资金划入委托贷款基金，再由委托行将资金划入开发商账户。

第八步：借款人还清贷款本息，解除抵押担保，收回有关证件。

3. 抵押贷款六大流程

（1）抵押物

借款人本人或第三人自有产权房屋，已具备"房产证"。

（2）抵押流程（图2-8）

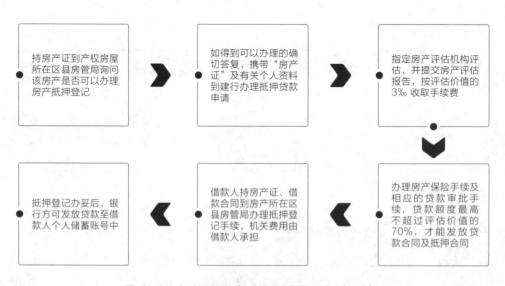

图2-8 抵押流程（以中国建设银行为例）

4. 质押贷款流程

（1）质押财产

质押财产指借款本人或第三人合法持有的权利凭证（图2-9）。

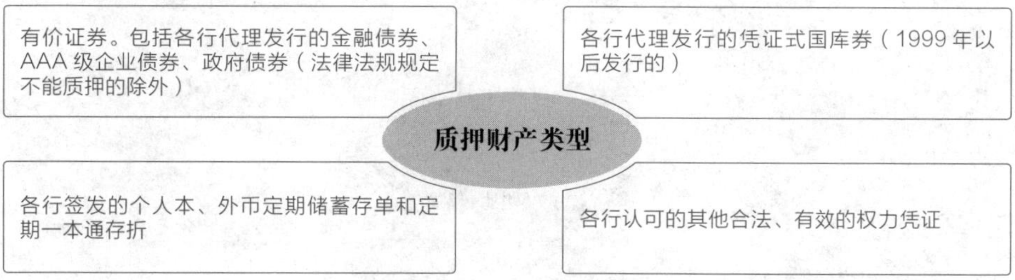

质押财产类型：
- 有价证券。包括各行代理发行的金融债券、AAA级企业债券、政府债券（法律法规规定不能质押的除外）
- 各行代理发行的凭证式国库券（1999年以后发行的）
- 各行签发的个人本、外币定期储蓄存单和定期一本通存折
- 各行认可的其他合法、有效的权力凭证

图2-9　质押财产类型

（2）质押流程

第一，持权利凭证到个人综合消费贷款经办机构申请质押的贷款；

第二，核质押权利凭证，并对符合条件的进行质押登记；

第三，银行收妥质押权利凭证，进行贷款审批手续，贷款额度最高不超过质押权利凭证面额的90%，并与审批同意发放贷款的申请人签订借款合同及质押合同；

第四，银行发放贷款至借款人个人储蓄账户中。

5. 组合贷款

借款人可以抵押或质押权利凭证申请同一笔个人综合消费贷款，贷款额度按两种担保方式允许发放的贷款额度累计，贷款流程同上。

6. 信用贷款（以中国建设银行为例）

（1）借款人以本人信用申请个人综合消费贷款，建行根据借款人资信情况确定贷款额度。

（2）借款申请人提供资料（以下资料均为能够提供则提供）（图2-10）。

图2-10　信用贷款提交资料

（3）审核及贷款发放。客户经理根据借款人资信等级相应确定贷款额度及期限，进行贷款审批手续，贷款额度不超过相应信用等级允许发放额度，并与审批同意发放的申请人签订借款合同。

7. 一次性付款流程

第一，交付定金及签订《楼宇认购书》；

第二，房款交付及收据换领；

第三，签订《商品房买卖合同》；

第四，领取《商品房买卖合同》、购房发票、付清楼款证明；

第五，办理商品房交付手续；

第六，办理《房产证》；

第七，领取《房产证》。

02 泛论交易

何谓银行本票、银行汇票、银行支票

银行本票是付款人将款项交存银行，由银行签发凭此可以办理转账结算或支取现金的票据。有效期为一个月；银行汇票是汇款人将款项交存当地银行，由银行签个汇款人持往异地办理转账结算或现金的票据。有效期为一个月；银行支票是银行的存款人签发给收款人办理转账或委托开户银行将款项支付给付款人的票据，有效期为10天。

四、房地产买卖合同的约定

房地产买卖合同是由国土局统一编制，用以明确买卖双方权利和义务的协议。所有的商品房销售都须签订此合同，内销的房地产合同可免做公证，外销的房地产合同必须做公证。

1. 商品房买卖合同的基本内容

（1）商品房买卖合同概念

商品房买卖合同是指在房产交易双方之间建立买卖关系的协议。即房屋所有权人依法将其房屋及其占用范围内的土地使用权转移给买受人，由买受人向其支付相应价款，明确相互权利义务关系的约定。商品房销售时，房地产开发企业和买受人应当订立书面商品房买卖合同。

（2）商品房买卖合同内容

由于商品房具有价值大、相关规定多，购房人掌握信息量相对小，对一些房屋买卖中问题应全面考虑。因此，2000年建设部、国家工商行政管理局对《商品房购销合同示范文本》进行了修订，并更名为《商品房买卖合同示范文本》，购房人和开发企业可自愿使用合同示范文本，以避免过后不必要的大量纠纷。房地产开发企业应当在订立商品房买卖合同之前向买受人明示《商品房销售管理办法》和《商品房买卖合同示范文本》；预售商品房的开发商，还必须明示《城市商品房预售管理办法》。商品房买卖合同内容如图2-11所示。

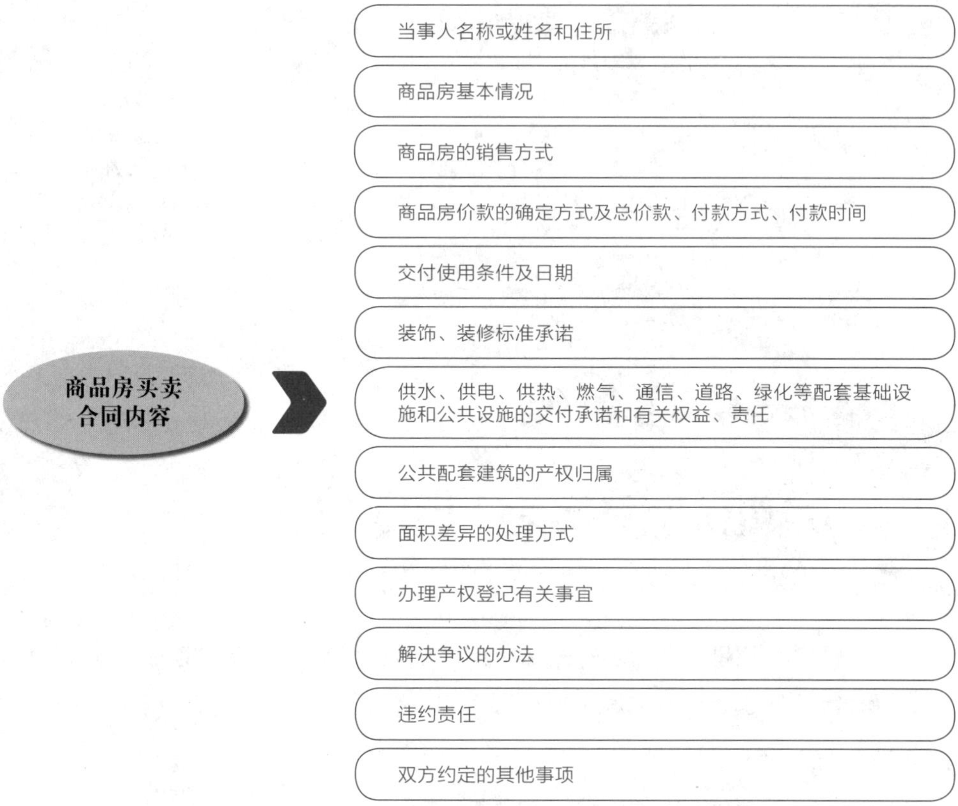

商品房买卖合同内容
当事人名称或姓名和住所
商品房基本情况
商品房的销售方式
商品房价款的确定方式及总价款、付款方式、付款时间
交付使用条件及日期
装饰、装修标准承诺
供水、供电、供热、燃气、通信、道路、绿化等配套基础设施和公共设施的交付承诺和有关权益、责任
公共配套建筑的产权归属
面积差异的处理方式
办理产权登记有关事宜
解决争议的办法
违约责任
双方约定的其他事项

图 2-11　商品房买卖合同内容

（3）商品房买卖合同计价方式

按套（单元）计价
按套内建筑面积计价
按建筑面积计价
商品房买卖合同 3 种计价方式

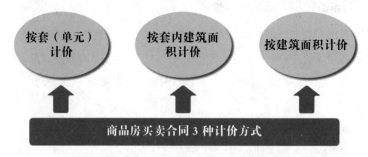

图 2-1 2　商品房买卖合同计价方式

商品房买卖合同一般有三种计价方式，如图 2-12 所示。按建筑面积计价的，当事人应当在合同中约定套内建筑面积和分摊的共有建筑面积，并约定建筑面积不变而套内建筑面积发生误差以及建筑面积与套内建筑面积均发生误差时的处理方式。

如某一商品房，$102m^2$ 的三室一厅，若按套计价，每套售价 30 万元；按套内建筑面积 $82m^2$ 计算，3700 元 $/m^2$，则总价 30.34 万元：按建筑面积 $102m^2$ 计算，3000 元 $/m^2$，

则总价为 30.6 万元。开发企业可任选一种计价方式销售。在促销活动中，优惠的房屋可按套销售，按套（单元）计价的现售房屋，当事人对现售房屋实地勘察后可以在合同中直接约定总价款。按套（单元）计价的预售房屋，开发商应当在合同中附上所售房屋的平面图。

商品房买卖合同计价说明

一般情况下开发商按建筑面积销售，现在很多人则提倡按套内面积销售，以给购房人更大的透明度。不论用哪一种计价方式销售房屋，房屋产权登记方式必须按建筑面积方式进行，按套、套内建筑面积计价，并不影响用建筑面积进行产权登记。

2. 商品房买卖合同关于误差、变更、交付的约定

（1）误差处理约定

按套内建筑面积或者按建筑面积计价的，当事人应当在合同中载明合同约定面积与产权登记面积发生误差的处理方式（图 2-13）。

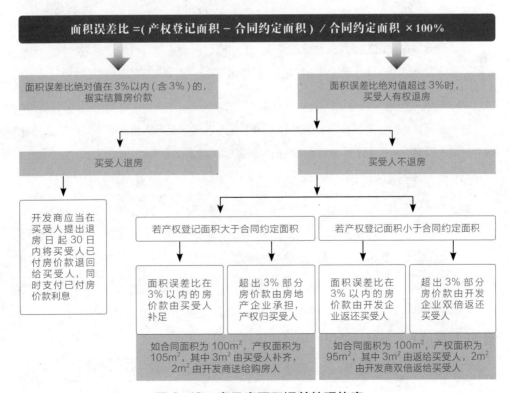

图 2-13　商品房面积误差处理约定

（2）商品房中途变更规划、设计的规定

房地产开发企业应当按照批准的规划、设计建设商品房。商品房销售后，房地产开发企业不得擅自变更规划、设计。经规划部门批准的规划变更、设计单位统一的设计变更导致商品房的结构形式、户型、空间尺寸、朝向变化，以及出现合同当事人约定的其他影响商品房质量或使用功能情形的，房地产开发企业应当在变更确立之日起10日内，书面通知买受人。买受人有权在通知到达之日起15日内作出是否退房的书面答复。买受人在通知到达之日起15日内未作出书面答复的，视同接受规划、设计变更以及由此引起的房价款的变更。房地产开发企业未在规定时限内通知买受人的，买受人有权退房；买受人退房的，由房地产开发企业承担违约责任。

（3）商品房交付的规定

1）延期交付

房地产开发企业应当按照合同约定，将符合交付使用条件的商品房按期交付给买受人。未能按期交付的，房地产开发企业应当承担违约责任。因不可抗力或者当事人在合同中约定的其他原因，需延期交付的，房地产开发企业应当及时告知买受人。

2）样板房质量、设备及装修

房地产开发企业销售商品房时设置样板房的，应当说明实际交付的商品房质量、设备及装修与样板房是否一致，未作说明的，实际交付的商品房应当与样板房一致。

3）提供"两证"

销售商品住宅时，房地产开发企业应当根据《商品住宅实行质量保证书和住宅使用说明书制度的规定》，向买受人提供《住宅质量保证书》和《住宅使用说明书》。

4）质量保修

房地产开发企业应当对所售商品房承担质量保修责任。当事人应当在合同中就保修范围、保修期限、保修责任等内容作出约定。保修期从房屋交付之日起计算。商品住宅的保修期限不得低于建设工程承包单位向建设单位出具的质量保修书约定保修期的存续期；存续期少于确定的最低保修期限的，保修期不得低于确定的最低保修期限。正常使用下开发商最低保修项目及期限见表2-5。

正常使用下开发商最低保修项目和保修期限　　　　　　　表2-5

项目	保修范围	备注
地基基础和主体结构工程	合理使用寿命年限内承担保修	

续表

项目	保修范围	备注
屋面防水工程	3年	其他部位、部件的保修期限，由房地产开发企业与用户自行约定。在保修期限内发生的属于保修范围的质量问题，房地产开发企业应当履行保修义务，并对造成的损失承担赔偿责任。因不可抗力或者使用不当造成的损坏，房地产开发企业不承担责任
墙面、厨房和卫生间地面、地下室、管道渗漏	1年	
墙面、顶棚抹灰层脱落	1年	
地面空鼓开裂、大面积起砂	1年	
门窗翘裂、五金件损坏	1年	
管道堵塞	2个月	
供热与供冷系统和设备	1个采暖期或供冷期	
卫生洁具	1年	
灯具、电器开关	6个月	

5）退房与赔偿

因房屋质量主体结构质量不合格不能交付使用，或者房屋交付使用后，房屋主体结构质量经核验确属不合格，买受人请求解除合同和赔偿损失的，应予支持。

因房屋质量问题严重影响正常居住使用，买受人请求解除合同和赔偿损失的，应予支持。交付使用的房屋存在质量问题，在保修期限内，出卖人应当承担修复责任；出卖人拒绝修复或者在合理期限内拖延修复的，买受人可以自行或者委托他人修复。修复费用及修复期间造成的其他损失由出卖人承担。

五、房地产交易过程中四种常见问题解答

1. 买自住房与投资房有什么不同

自住房和投资房因为用途不同，在选择上亦有较大的区别（表2-6）。

● 买自住房与投资房的区别　　　　　　　　　　　　　　　　　表 2-6

类别因素	自住房	投资房
房屋价格	要测算自己的收入水平和承受能力	在投资成本允许的范围内进行选择，并可进行投资组合
居住环境	对环境质量要求较高，房屋内部和小区环境都要宜人	主要侧重于投资成本及房屋本身的升值潜力，对环境质量相对要求低一些
未来变化	要求环境相对稳定，以免入住后又要拆迁或改变功能	要考虑将来城市规划能否令所购房屋升值，不临街变为临街，由住宅变作商铺等
区位价值	考虑是一次性付款还是分期按揭	虽然也考虑成本，但只要是可控范围内和具有较快交现能力，易实现利润的房屋，将不必过多考虑而应迅速购买

2. 住宅 70 年土地使用权不意味只有 70 年产权

土地使用年限届满时，使用者需要继续使用土地的可以申请继续使用该土地，即使是因社会公共利益需要国家收回该幅土地，国家收回的也只是土地使用权。简而言之就是，购买拥有产权的商品房，购买人拥有的房屋所有权是没有任何时间限制的，其所受限的只是房屋所占相应比例土地的使用期限。但由于房屋与土地的不可分割性，土地使用期一般应随房屋的使用一直延续下来。

中国土地使用权限规定

居住用地七十年；工业用地五十年；教育、科技、文化、卫生、体育用地五十年；商业、旅游、娱乐用地五十年；综合或者其他用地五十年。

3. 使用权房产能不能继承

房地产继承是房地产转让中的一种方式，是指有继承权的公民依法接受死者房屋遗产的行为。所谓死者房屋遗产，系指死者生前拥有所有权的房屋，在公民死亡后继承开始时作为死者的遗产来处理。继承人有权继承该合法遗产。如果死者生前对其居住的房屋没有所有权，只有使用权，如租用的是房管局所有公房或租用其他私人拥有的房屋，则不能作为遗产来继承。死者的亲属如果要继续使用该房屋，则需与房管局或出租人协商一致，变更承租人，才能继续居住使用。对房管局按成本价出售给承租人的住房，在被继承人死亡后继承人有权按遗嘱继承或者法定继承来继承该房产。

4. 合作建房的有关规定

（1）合作建房概念

合作建房是指以一方提供土地使用权，另一方或多方提供资金合作开发房地产的房地产开发形式。

（2）国家对合作建房的规定

对一方提供土地使用权，另一方或多方提供资金合作开发房地产，并以产权分成的合作建房视为房地产转让。

在2001年8月6日后，房地产管理部门不再审批合作建房。对已交清地价款的出地方，出地方直接进入土地交易市场，通过挂牌交易、招标、拍卖等方式寻找合作方；对已取得行政划拨用地、历史用地、协议用地土地使用权的单位需寻找合作方的，须经过规划、国土部门对规划、用地等问题进行审核，并补交市场地价后，再进入土地交易市场以挂牌交易、招标、拍卖等方式寻找合作方。

但是不久，各地合作建房政策就有所松动。

2006年温州商人赵智强在国内首创个人合作建房"温州模式"，并尝试"移植"北京。

2009年深圳出台相关规定：原居民可作为权利主体自行进行旧住宅区的更新改造。由于合作建房者通过招拍挂的公开方式获取合作建房的土地基本上不可能，但旧住宅区的原业主作为原地块土地资源的现实拥有者，通过自行改造的模式，以类似于合作建房的方式进行城市更新改造将构成深圳旧住宅区更新改造的一种重要方式。

新手知识总结与自我测验

总分：100 分

第一题：您知道多少种交易形式？（20 分）

_____
_____
_____

第二题：房地产交易过程中定金一般什么时候交？（20 分）

_____
_____
_____

第三题：按揭是什么意思？按揭贷款涉及哪些流程？（30 分）

_____
_____
_____

思考题：预售制有什么利弊？（30 分）

_____
_____
_____

得分：　　　　　　　　　　签名：

住宅地产新兵入门 03

细核税费
房地产交易税费约定

操作程序

一、现行房地产七种主要税类型
二、房地产交易的行政性收费
三、购房收费标准
四、实战案例分析

本章使用指南

房地产交易过程中常见的税费一般有国土房管部门代征的营业税、城建税、教育费附加、土地增值税、印花税、企业所得税、个人所得税,对房地产开发企业销售商品房仅委托代征土地增值税及印花税;房地产第三方需要收取的评估费、中介费;房地产交易过程收取的手续费及其他相关税费。各房产性质不同,各中交易形式的差异都会导致所产生的交易税费不同。

操作程序

一、现行房地产七种主要税类型

现行的房地产行业七种税种如图 3-1 所示。

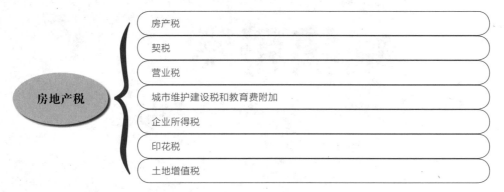

图 3-1 主要房地产的七大税种

1. 房产税

房产税和契税都属于财产税。房产税是以房产为课税对象，向产权所有人征收的一种税。

（1）房产税的征收范围

房产税在城市、县城、建制镇和工矿区征收。

（2）房产税的纳税人

房产税由产权所有人缴纳。产权属于全民所有的，由经营管理的单位缴纳；产权出典的，由承典人缴纳；产权所有人、承典人不在房产所在地的，或者产权未确定及租典纠纷未解决的，由房产代管人或者使用人缴纳。

房产税纳税人范畴

产权所有人、经营管理单位、承典人、房产代管人或者使用人，统称为房地产纳税义务人。

（3）房产税的计税依据

房产税采用从价计税。计税依据分为按计税余值计税和按租金收入计税两种。

（4）房产税的税率

依照房产余值计算缴纳的，税率为1.2%；依照房产租金收入计算缴纳的，税率为12%。

（5）应纳税额的计算

以房产原值为计税依据的应纳税额 = 房产原值 ×(1-10%或30%)× 税率(1.2%)；

以房产租金收入为计税依据的应纳税额 = 房产租金收入 × 税率(12%)。

（6）若干具体规定

规定1：新建房屋的纳税义务发生时间是建成之日或办理验收手续之日的次月；

规定2：投资联营房产的，公担风险的按房产余值；不担风险的按租金；

规定3：融资租赁房屋的按房产余值征税；

规定4：纳税单位和个人无租使用房产部门、免税单位及纳税单位的房产，由使用人代交；

规定5：纳税单位与免税单位共同使用的房屋，按各自使用的部分划分，分别征收或免征房产税。

（7）房产税的纳税申报

纳税人应根据税法的规定，将现有房屋的坐落地点、结构、面积、原值、出租收入等情况，据实向当地税务机关办理纳税申报。

（8）房产税的纳税期限和纳税地点

房产税实行按年征收，分期缴纳。纳税期限一般规定按季或半年征收一次。

房产税在房产所在地缴纳。房产不在同一地方的纳税人，应按房产的坐落地点分别向房产所在地的税务机关缴纳。

（9）房产税的税收优惠（图3-2）

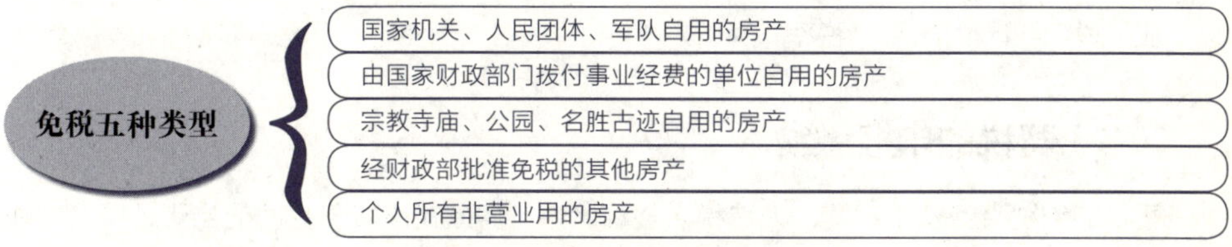

免税五种类型：
- 国家机关、人民团体、军队自用的房产
- 由国家财政部门拨付事业经费的单位自用的房产
- 宗教寺庙、公园、名胜古迹自用的房产
- 经财政部批准免税的其他房产
- 个人所有非营业用的房产

图 3-2　免房地产税的五种类型

2. 契税

契税是在土地、房屋权属发生转移时，对产权承受人征收的一种税。契税是以所有权发生转移变动的不动产为征税对象，向产权承受人征收的一种财产税。

（1）契税的征收范围（图3-3）

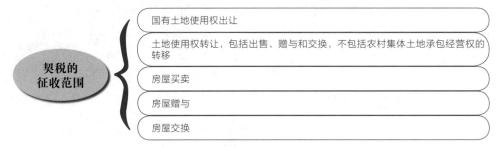

图3-3 契税征收的五种情况

（2）契税的纳税人

在中华人民共和国境内转移土地、房屋权属，承受的单位和个人为契税的纳税人。

（3）契税的税率

契税的适用税率，由省、自治区、直辖市人民政府在前款规定的幅度内按照本地区的实际情况确定，并报财政部和国家税务总局备案。通用税率为3%～5%。

（4）契税的计税依据

依据1：国有土地使用权出让、土地使用权出售、房屋买卖，为成交价格；

依据2：土地使用权赠与、房屋赠与，由征收机关参照土地使用权出售、房屋买卖的市场价格核定；

依据3：土地使用权交换、房屋交换，为所交换的土地使用权、房屋的价格的差额。

（5）契税应纳税额的计算

应纳税额＝计税依据 × 税率。

（6）契税的申报缴纳

契税的纳税义务发生时间，为纳税人签订土地、房屋权属转移合同的当天，或者纳税人取得其他具有土地、房屋权属转移合同性质凭证的当天。

（7）契税的减免税

国家机关、事业单位、社会团体、军事单位承受土地、房屋用于办公、教学、医疗、科研和军事设施的，免征；城镇职工按规定第一次购买公有住房的，免征；因不可抗力灭失住房而重新购买住房的，酌情准予减征或者免征；财政部规定的其他减征、免征契税的项目。

3. 营业税

营业税是对有偿提供应税劳务、转让无形资产和销售不动产的单位和个人，就其营业收入额征收的一种税。房地产业涉及的营业税主要是转让无形资产和销售不动产。

（1）营业税的纳税人

营业税的纳税人是转让无形资产或者销售不动产的单位和个人。

（2）营业税的计税依据

营业税的计税依据是转让无形资产的转让额或者销售不动产的销售额，统称为营业额。它是纳税人向对方收取的全部价款和在价款之外取得的一切费用，如手续费、服务费等等。

（3）营业税的税目、税率（表3-1）

营业税的税目、税率　　　　　　　　　　　　　　　　　　　　　表 3-1

依据	税目	税率
转让无形资产	转让土地使用权、专利权、非专利技术、商标权、著作权、商誉	5%
销售不动产	销售建筑物及其他土地附着物	5%

（4）营业税的计算

纳税人转让无形资产，或者销售不动产，按照营业额和规定的税率计算应纳税额。应纳税额的计算公式为：

应纳税额 = 营业额 × 税率。

纳税人的营业额为转让无形资产或者销售不动产向对方收取的全部价款和价外费用。

（5）营业税的纳税地点和纳税义务发生时间

1）营业税的纳税地点

纳税人转让土地使用权，应当向土地所在地主管税务机关申报纳税；纳税人转让其他无形资产，应当向其机构所在地主管税务机关申报纳税；纳税人销售不动产，应当向不动产所在地主管税务机关申报纳税。

2）营业税的纳税义务发生时间

营业税的纳税义务发生时间，为纳税人收讫营业收入款项或者取得索取营业收入款项凭据的当天。

（6）营业税的纳税申报

对纳税人的应纳税额分别采取由扣缴义务人扣缴和纳税人自行申报两种方法。

（7）营业税的纳税期限

纳税人以一月为一期纳税的，自期满之日起十日内申报纳税。扣缴义务人解缴税款期限，比照此项规定执行。

营业税的纳税期限

纳税人的纳税期限分别为五日、十日、十五日，或者一个月，纳税人的具体纳税期限由主管税务机关核定。

4. 城市维护建设税和教育费附加

第一，城市维护建设税是随增值税、消费税和营业税附征并专门用于城市维护建设的一种特别目的税。

城建税税率分别为7%、5%、1%三个档次。市区7%；县城、镇5%；不在县城、镇1%。

第二，教育费附加是随增值税、消费税和营业税附征并专门用于教育的一种特别目的税。

教育费附加税率在城市一般为营业税的3%。

5. 企业所得税

企业所得税是指对中华人民共和国境内的一切企业（不包括外商投资企业和外国企业），就其来源于中国境内外的生产经营所得和其他所得而征收的一种税。

（1）企业所得税的征税对象

企业所得税以纳税人取得的生产、经营所得和其他所得为征税对象。

（2）企业所得税税率

有法定税率和优惠税率两种。法定税率是33%；优惠税率是指对应纳税所得额在一定数额之下的企业给予低税率照顾，分为18%和27%两种。

企业所得税优惠税率　　　　　　　　　　　　　　　　　　　　　　　表3-2

优惠范围	税率
年应纳税所得额在3万元以下（含3万元）	18%
年应纳税所得额超过3万元至10万元以下（含10万元）	27%

（3）企业所得税的计算

应纳所得税额 = 应纳税所得额 × 税率。

公式中"应纳税所得额"即纳税人纳税年度收入总额减去准予扣除项目后的余额。

（4）企业所得税的征收管理

企业所得实行按年计算，分月或者分季预缴，月份或者季度终了后十五日内预缴，年度终了后四个月内汇算清缴，多退少补。

6. 印花税

印花税是对因商事活动、产权转移、权力许可证照授受等行为而书立、领受的应税凭证征收的一种税。

（1）印花税的纳税人

中华人民共和国境内书立、领受本条例所列举凭证的单位和个人，都是印花税的纳税义务人。印花税的纳税人包括：立合同人；立账簿人；立据人；领受人。

（2）印花税的征税对象

现行印花税只对印花税条例列举的凭证征税具体有五类：经济合同，产权转移书据，营业账簿，权利、许可证照和经财政部确定征税的其他凭证。

（3）印花税的计税依据

印花税根据不同征税项目，分别实行从价计征和从量计征两种征收方式（图3-4）。

各类经济合同，以合同上记载的金额、收入或费用为计税依据

产权转移书据以书据中所载的金额为计税依据

记载资金的营业账簿，以实收资本和资本公积两项合计的金额为计税依据

实行从量计税的其他营业账簿和权利、许可证照，以计税数量为计税依据

图 3-4　印花税计税依据

（4）印花税的税率

现行印花税采用比例税率和定额税率两种税率。

> **知识点**
>
> **印花税比例税率五档说明**
>
> 比例税率有五档，即 4‰、1‰、0.5‰、0.3‰和 0.05‰。适用定额税率的是权利许可证照和营业账簿税目中的其他账簿，单位税额均为每件5元。

（5）应纳税额的计算

按比例税率计算应纳税额的方法：应纳税额＝计税金额 × 适用税率；

按定额税率计算应纳税额的方法：应纳税额＝凭证数量 × 单位税额。

（6）纳税环节和纳税地点

印花税的纳税环节应当在书立或领受时贴花。印花税一般实行就地纳税。

（7）印花税的缴纳方法

印花税实行由纳税人根据规定自行计算应纳税额，购买并一次贴足印花税票（以下简称贴花）的缴纳办法。为简化贴花手续，应纳税额较大或者贴花次数频繁的，纳税人可向税务机关提出申请，采取以缴款书代替贴花或者按期汇总缴纳的办法。

（8）印花税票

印花税票是缴纳印花税的完税凭证，由国家税务总局负责监制。其票面金额以人民币为单位，分为壹角、贰角、伍角、壹元、贰元、伍元、拾元、伍拾元、壹佰元9种。印花税票为有价证券。印花税票可以委托单位或个人代售，并由税务机关付给5%的手续费，支付来源从实征印花税款中提取。

（9）房地产业有关印花税的税收优惠

已缴纳印花税的凭证的副本或者抄本；财产所有人将财产赠给政府、社会福利单位、学校所立的书据；外国政府或者国际金融组织向我国政府及国家金融机构提供优惠贷款所书立的合同。对房地产管理部门与个人订立的租房合同，凡用于生活居住的，暂免贴印花。

7. 土地增值税

土地增值税是对有偿转让国有土地使用权及地上建筑物和其他附着物产权、取得增值性收入的单位和个人征收的一种税。

（1）土地增值税的纳税人

转让国有土地使用权及地上建筑物和其他附着物产权、并取得收入的单位和个人。

（2）土地增值税的课税对象和范围

课税对象是指有偿转让国有土地使用权及地上建筑物和其他附着物产权所取得的增值额。

（3）土地增值税的税率（表3-3）

● 土地增值税的税率　　　　　　　　　　　　　　　　　　表3-3

级数	增值额与扣除项目金额的比率（%）	税率（%）	速算扣除系数（%）
1	不超过50%的部分	30	0
2	超过50%～100%的部分	40	5
3	超过100%～200%的部分	50	15
4	超过200%的部分	60	35

（4）增值额的构成

转让房地产的增值额，是纳税人转让房地产的收入减除税法规定的扣除项目金额后的余额。扣除项目如图 3-5 所示。

计算增值额的扣除项目
- 取得土地使用权所支付的金额
- 开发土地的成本、费用
- 新建房及配套设施的成本、费用，或者旧房及建筑物的评估价格
- 与转让房地产有关的税金
- 房屋交换
- 财政部规定的其他扣除项目

图 3-5　计算增值额的扣除项目

知识点　按评估价格征收的三种情况

隐瞒、虚报房地产成交价格的；提供扣除项目金额不实的；转让房地产的成交价格低于房地产评估价格，又无正当理由的。以上三种情况按照房地产评估价格计算征收。

（5）应纳税额的计算

增值额＝收入额－扣除项目金额；

增值率＝增值额 ÷ 扣除项目金额。

依据适用税率计算应纳税额。

应纳税额＝增值额 × 适用税率—扣除项目金额 × 速算扣除系数。

（6）土地增值税的申报纳税程序

纳税人应自转让房地产合同签订之日起 7 日内，向房地产所在地的主管税务机关办理纳税申报。

（7）纳税时间和缴纳方法

以一次交割、付清价款方式转让房地产的，应在办理过户、登记手续前一次性缴纳全部税款。以分期收款方式转让房地产的，可根据收款日期来确定具体的纳税期限。

预征土地增值税的情形

项目全部竣工结算前转让房地产的,可以预征土地增值税。

(8) 土地增值税的纳税地点

不论纳税人的机构所在地、经营所在地、居住所在地设在何处,均应在房地产的所在地申报纳税。

(9) 土地增值税的税收优惠

纳税人建造普通标准住宅出售,增值额未超过扣除项目金额20%的;因国家建设需要依法征用、收回的房地产。两种情况可以享受优惠。

除了以上几种税之外,其他还有土地出让金、耕地占用税、城镇土地使用税等,在此不一一予以说明。

二、房地产交易的行政性收费

行政性收费是房地产行政管理机构或授权履行行政管理职能的单位,为加强对房地产的管理所收取的费用。其收费依据是房地产行政管理机关及其所属事业单位为社会或个人提供特定服务所收取的费用。房地产行政管理范围涉及的方面较多,其行政、事业性收费的种类也很多(图3-6)。

图 3-6 房地产交易的行政性收费构成

1. 房屋产权管理收费

房屋产权管理收费属行政性收费，主要包括登记费、权证费。办理房屋所有权登记时，应交纳登记费、权证工本费、印花税。登记费的收费标准是每建筑平方米 0.3 元。

房屋产权管理收费违期说明

不按规定期限申请登记，又未获准缓期登记的，每逾期 1 个月，每建筑平方米加征罚金 0.1 元；已申请登记，但未按期办理手续的，亦按上述标准加征罚金。权证工本费，每件收费 4 元；共有权执照及他项权利执照，每件收费 2 元。印花税，每件 5 元。

2. 房屋买卖管理收费

房产买卖管理收费属行政性收费，包括买卖登记费和买卖手续费。房产登记费是买卖双方成交，到房地产管理部门申办买卖手续登记收取的费用，房产管理部门审查买卖双方条件后，批准成交，然后收取房产买卖手续费。办理了房屋买卖过户手续后，由买卖双方向房地产管理部门交纳手续费，征收的标准是按照国家房屋买卖成交价或最低保护价的 1%，由买卖双方各缴纳一半。

3. 房屋租赁管理收费

房屋租赁管理收费属于行政性收费，包括：房屋租赁登记费、房屋租赁手续费或租赁签证费。而房屋租赁手续费又分为住房房屋租赁手续费、非住房房屋租赁手续费、房改房房屋租赁手续费等多种形式，在各个城市其规定各有差异。

03 细核税费

三、购房收费标准

购房过程中所涉及的收费及其标准如表3-4。

购房收费标准一览表　　　　　　　　　　　　　　表3-4

收费部门	收费名称	收费标准	应付资金	缴款时间
律师事务所	律师服务费	楼价0.15%		签署购销合同时
公证处	购销合同公证费	楼价0.3%		签署购销合同时
	贷款合同公证费	贷款金额50万元以下：200元/笔 贷款金额50万元以上：300元/笔		签署按揭合同时
建委	房屋权初始登记费	100元		
保险公司	保险费	贷款额0.1%（第1年交1次）		
银行	办贷款卡费用	80元/户		
	银行开户费	10元/户		
税务局	印花税	贷款金额0.005%		
		楼价款0.03%		
财政局	契税	楼价1.5%（单价小于3000元/m²）		
		楼价3%（单位大于3000元/m²）		办理房产证时
房管所	房屋交易费	楼价0.2%		
	交易服务费	楼价0.2%		
	房地产权证工本费	100元/本		
	劳务费	3元/m²		
	测绘费	50～100m²为120元/套； 101～200m²为160元/户； 201～300m²为200元/户； 301～400m²为240元/户		

续表

收费部门	收费名称	收费标准	应付资金	缴款时间
有关部门及施工单位	水电报装费	车位：2500元/户		办理入伙手续时
		普通住宅：4800元/户		
		复式、错式住宅：7200元/户		
	管道煤气报装费	2000元/户		
	防盗门	2000元/户		
	可视对讲	800元/户		
	电视接收系统	住宅：800元/户		
		商铺：1500元/户		
	电话报装费	800元/户		
物业管理公司	按金	水费按金：300元（包括真饮水）		交楼时
		电费按金：500元		
		煤气按金：300元		
		管理费按金：500元		
	物业管理费	住宅：2元/m^2左右		由交楼当日计起，暂定首年之内每月的收费
		商铺：2.5元/m^2左右		
		小车位：30元/m^2左右		
		摩托车位：20元/月左右		

注：参照广东省房地产测绘收费标准

2013年个人住房商业性贷款利率及万元还本息金额见表3-5。

2013年个人住房商业性贷款利率及万元还本息金额表

表3-5
（单位：元）

年限	利率（%）	等额本息	等额本金（首月）	利率（%）	等额本息	利率（%）	等额本息
1	6.00	860.66	883.33	6.6	863.42	6.9	864.81
2	6.15	443.88	467.92	6.77	446.66	7.0725	448.05
3	6.15	304.90	329.03	6.77	307.70	7.0725	309.10

续表

年限	利率（%）	等额本息	等额本金（首月）	利率（%）	等额本息	利率（%）	等额本息
4	6.4	236.69	261.67	7.04	239.65	7.36	241.14
5	6.4	195.19	220.00	7.04	198.20	7.36	199.71
6	6.55	168.34	193.47	7.21	171.48	7.5325	173.06
7	6.55	148.74	173.63	7.21	151.93	7.5325	153.54
8	6.55	134.11	158.75	7.21	137.36	7.5325	139.00
9	6.55	122.80	147.18	7.21	126.10	7.5325	127.78
10	6.55	113.80	137.92	7.21	117.17	7.5325	118.87
11	6.55	106.50	130.34	7.21	109.92	7.5325	111.65
12	6.55	100.45	124.03	7.21	103.93	7.5325	105.70
13	6.55	95.39	118.69	7.21	98.92	7.5325	100.72
14	6.55	91.08	114.11	7.21	94.67	7.5325	96.50
15	6.55	87.39	110.14	7.21	91.03	7.5325	92.89
16	6.55	84.19	106.67	7.21	87.89	7.5325	89.77
17	6.55	81.40	103.60	7.21	85.15	7.5325	87.06
18	6.55	78.94	100.88	7.21	82.75	7.5325	84.69
19	6.55	76.78	98.44	7.21	80.64	7.5325	82.60
20	6.55	74.85	96.25	7.21	78.77	7.5325	80.76

注：速算数以1万元为单位；等额本金速算结果为客户首月还款额。

四、实战案例分析

经典案例 01：关于非普通住宅的计算案例

案例：王女士的房屋面积为 140m^2，属国有土地建筑，并超出普通住宅标准。王女士住满三年后，将其出售，总价格为 140 万元，那么王女士要缴税费为多少呢？

（1）土地增值税：140 万 × 1% = 1.4 万元；

（2）营业税：140 万 × 5% = 7 万元；

（3）城市建设与教育附加税：7 万元 × （7%+3%）=0.7 万元

（4）印花税：140 万 × 0.05% = 0.07 万元

（5）个人所得税：140 万 × 1% = 1.4 万元

假设王女士的这套房子是超过 5 年后进行交易的，期间净挣 40 万（即售房收入减去购买房屋的成本差额），按照新法规：个人购买非普通住宅超过 5 年后转手交易的，销售时按收入成本差额缴纳营业税。那么，应该缴纳税为多少呢？

（1）土地增值税：140 万 × 1% = 1.4 万元；

（2）营业税：40 万 × 5% = 2 万元；

（3）城市建设与教育附加税：2 万元 × （7%+3%）=0.2 万元

（4）印花税：140 万 × 0.05% = 0.07 万元

（5）个人所得税：140 万 × 1% = 1.4 万元

经典案例 02：公房交易买卖双方需交纳的税费

案例：陈女士在武汉某区有一套 1992 年已购公房，建筑面积约为 80m^2。2013 年 10 月，刘女士首次将该套房屋进行上市交易，经过几天的买卖双方对价格的协商后，最终该套房屋以 6180 元／m^2 的价格，即总价款 494400 元出售给廖先生。根据《关于个人销售已购房屋有关税收征管问题的补充通知》中，已购公房凭证营业税的规定，因而廖先生无须缴纳营业税。

对于卖方陈女士来说，需交纳的税费如下：

印花税

印花税为成交价的 0.5‰，即 494400 × 0.05% = 247.2 元。

对于买方廖先生来说,需交纳的税费如下:

印花税

印花税为成交价的万分之五,即 494400×0.05% = 247.2 元。

契税

根据２００５年８月８日《关于个人销售已购住房有关税收征管问题的补充通知》中明确规定:对于首次上市交易的已购公房等6大类保障性住房在交易过程中均视为普通住房。契税按 1.5%征收。则上例中马先生需交纳契税为成交价的 1.5%,即 494400×1.5% = 7416 元。

土地出让金

对于首次上市交易的公房来说,买方要交纳土地出让金,即为 1560 元／m^2×80m^2×1% =1248 元。

综上,对于买方马先生来说总共要支付的税费为 8911.2 元。

经典案例 03:二手商品住房交易买卖双方需交纳的税费

案例:几年前,赵先生在长沙购置一套商品住房,建筑面积为 142m^2,购买时价格为 6000 元／m^2,总价为 85.2 万元。2013 年 10 月赵先生打算将该套房屋以 7000 元／m^2 的价格出售出去,总价为 99.4 万元。赵先生的房屋建筑面积为 142m^2,按照普通住宅与非普通住宅的判断标准可知该套房屋为非普通住宅。

对于卖方赵先生来说,需交纳的税费如下:

印花税

成交价的万分之五,即印花税为 994000×0.05% = 497 元。

营业税

税率为 5.5%,其中包含城建维护费和教育附加费。

假如 1:赵先生房屋持有时间在 2 年以内,需全额征收营业税即为 994000×5.5% = 54670 元。

假如 2：赵先生房屋持有时间在 2 年以上，如果是普通住房则营业税免交，若为非普通住房则按差额征收营业税。而上例中赵先生的房屋建筑面积为 142m²，需要按差额征收营业税，即应交纳营业税为（994000 - 852000）×5.5% = 7810 元。

对于买方来说，购买该套二手商品房需交纳的税费如下：

印花税

成交价的万分之五，即印花税为 994000×0.05% = 497 元。

契税

契税的收缴基准利率是按照普通住宅和非普通住宅来区分的，普通住宅按成交价的 1.5% 征收，非普通住宅按成交价的 3% 征收。而对于本例中买方要购买的房屋面积为 142m²，已超过 140m²，属于非普通住宅，因此契税的征收按成交价的 3% 征收，即为 994000×3% = 29820 元。

综上，对于买方来说应支付的税费为 30317 元。

经典案例 04：经济适用住房交易买卖双方需交纳的税费

经济适用住房是国家为补贴低收入家庭而公开出售的一类房屋。对于购买经济适用住房的消费者来说也有一定的限制，不是所有人都可以买到经济适用住房。而对于再次上市交易的经济适用住房来说，税费的交纳也显得略微复杂些。经济适用住房的上市交易是以 5 年期为界限的，下面举两个例子分别来说明 5 年以内和 5 年以外上市交易经济适用住房的交纳税费情况。

案例一：小王于 2011 年 10 月在重庆购得一套经济适用住房，建筑面积为 60m²，总价为 15.9 万元。但现在由于小夏的工作单位离家很远，每天上下班花在路上的时间约在 3 小时内，所以小王决定将该房屋卖掉，到工作单位附近另购一套房屋。

小王的房屋属于 5 年以内出售，则买卖双方需交纳的税费如下：

对于卖方只需缴纳印花税

印花税即最高为 159000×0.05% = 79.5 元。

对于买方来说，分两种情况

一种情况是如果政府对购房人审批的总房价大于实际购买房屋的成交总价（15.9 万元），

则买方需交纳税费有：契税（按成交价的 1.5% 交纳）和印花税（按成交价的 0.05% 交纳）。

经过计算交纳税费

契税：159000 × 1.5% = 2385 元；

印花税：159000 × 0.05% = 79.5 元。

另一种情况是如果政府对购房人审批的购房总价低于实际购买房屋的成交总价（15.9万元），则买方需交纳税费有：契税（按成交价的 1.5% 交纳）和印花税（按成交价的 0.05% 交纳），和差价部分的综合地价款 10%。假设政府审批购房人的购房总价为 13 万元。

经过计算交纳税费

契税：159000 × 1.5% = 2385 元；

印花税：159000 × 0.05% = 79.5 元；

综合地价款：（159000 − 130000）× 10% = 2900 元。

案例二：小王为改善居住环境，现打算将自己 2010 年 2 月在重庆购置的一套经济适用住房转让出去，再购置一套房屋。小夏的房屋建筑面积为 80m^2，当时购入价为 21.2 万元。现小王打算以 35 万元的总价将其售出。

由于该套房屋出售时毛先生的持有时间超过 5 年，则该套房屋可以出售给任何消费者，并可以市场价出售。

小夏的房屋属于 5 年以外出售，买卖双方需交纳的税费如下：

对于卖方来说，需交纳的税费

印花税

印花税为成交价的 0.05%，即 350000 × 0.05% = 175 元。

综合地价款

综合地价款为成交总价的 10%，即 350000 × 10% = 35000 元。

即卖方需交纳税费为 35175 元。

对于买方来说，需交纳税费

印花税

印花税为成交价的 0.05%，即 350000 × 0.05% = 175 元。

契税

契税为成交总价的 1.5%，即 350000 × 1.5% = 5250 元。

即买方需交纳的税费为 5425 元。

经典案例 05：房地产税费计算完整案例剖析

现将中国的房地产税收以 100 万元左右的房地产为例，就交易和保有该房地产需要缴纳的税收计算如下：

购买该房地产的建筑面积为 100m²，每平方米价格为 1 万元，总价合计 100 万元。购买的房地产土地使用权是以出让方式取得的，土地使用权的出让用途为住宅，出让年限为 70 年。购买时，该项目已经建成，开发商购买土地使用权时是以挂牌出让方式取得的。假定出让金的挂牌起价为每平方米（楼面建筑面积）700 元，经竞价后该房地产的出让金由 700 元涨到 1000 元，每平方米增加了 300 元。基于某些税收的税率是由地方人民政府具体确定的，因此我们姑且将该项目定在北京。此外，开发商在取得该宗建设用地时，其土地成本占房价总额的 30%。开发商在开发建设房地产时，每平方米的建筑安装成本（不含营业税）假定为 2000 元 /m²。

那么，该需要缴纳哪些税费呢？

1. 土地出让金

在本案中，土地使用权的出让金由开发商向国家缴纳的金额为 1000 元 /m²，100m² 的土地出让金为 10 万元。该出让金已经作为成本转嫁给了买房人，购买人应当承担向国家缴纳的土地使用权出让金为 10 万元。也就是：如果物业税包括了土地使用权出让金，则购买人缴纳给国家的土地出让金为 10 万元。

2. 契税

（1）开发商缴纳并转嫁给购买人的契税

根据《中华人民共和国契税条例》及其实施细则的规定，并根据北京市人民政府的规定，北京市的契税按照 3% 的标准缴纳，其中普通住宅的税率减为 1.5%。

假定开发商取得土地使用权的成本占总价的 30%，其中土地出让金 10%，其他成本为 20%。也就是，在 100 万元的房价款中，土地成本 30 元，土地使用权出让金为 10 元，其他土地成本为 20 元。

根据北京市的规定，开发商缴纳的契税应按照取得时 3% 的标准缴纳。这样，开发商缴纳的契税在本套房屋中为9000元（30万元的土地出让金×3%=9000元）。

（2）购买人缴纳的契税

根据规定，契税由买受人缴纳，购买该房产的契税为：1.5万元（100万元×1.5%=1.5万元），如果该房地产不是普通住宅，则契税按照3%缴纳，在这种情况下契税为3万元。

3. 营业税

（1）政府直接向开发商征收的营业税

营业税由出卖人缴纳，但在开发商转让房地产时，营业税是作为成本计算的，根据营业税条例的规定，营业税的税率为5%。因此，由购买人承担的营业税为5万元（计算公式：100万元×5%=5万元）。

（2）开发商间接支付的营业税

根据《中华人民共和国营业税暂收条例》的规定，建筑安装企业应当缴纳的营业税为3%。开发商支付给建筑师的建筑安装总价在该套房屋中为20万元，那么，由开发商间接支付的建筑总价中包括了营业税6000元。

4. 城市建设维护税

根据国务院的规定，城市建设维护税以营业税为基础计算确定。假定该房地产在北京市区，则城市建设维护税计算如下：

（1）由开发商缴纳的城市建设维护税

开发商缴纳的营业税为5万元，其城市建设维护税按照7%缴纳，5万元的7%为3500元。

（2）由建筑商缴纳的城市建设维护税

开发商支付建筑商的营业税为6000元，其城市建设维护税按照7%缴纳，为420元。

5. 教育费附加

根据国务院的规定，在征收营业税的同时，应当按照营业税总额的3%征收教育费附加。因此，在征收营业税过程中，应当缴纳的教育费附加按照营业税的3%缴纳。

（1）开发商缴纳的教育费附加

开发商缴纳的教育费附加按照开发商缴纳的营业税的总额的3%缴纳，在本案中，开

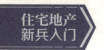

发商缴纳的营业税为5万元,因此应当缴纳教育费附加为1500元。

(2) 建筑商缴纳的教育费附加

建筑商缴纳的教育费附加按照建筑商缴纳的营业税的3%计征,在本案中,建筑商缴纳的教育费附加为180元。

6. 耕地占用税

如果该房地产是征收耕地后在耕地上建造,那么开发商应该缴纳耕地占用税。耕地占用税在发商缴纳后作为成本转嫁给购买人。

根本北京市的规定,北京近郊区的耕地占用税按照9元/m^2缴纳。

7. 城镇土地使用税

根据北京市规定,在2007年1月1日前,北京市将土地划分为六级,分别按照不同的标准缴纳土地使用税。

假定该房地产在北京市的二级土地范围内,则应当缴纳的土地使用税800元/年,计算公式为:$100m^2 × 8$元/m^2=800元,根据国务院公布的新的土地使用税条例的规定:将大城市的土地税调高到1.5~30元。

如果购买该房地产,则在72年内缴纳的土地使用税至少为72年×800元/年=5.76万元。

8. 房产税

本案例所述房产税等于100万元乘以1.2%,共1.2万元。

9. 印花税

买卖合同印花税:

根据《中华人民共和国印花税暂行条例》的规定,买卖合同按照房屋销售金额的0.05%贴花,则买卖合同缴纳的印花税为500元。

产权转入书据上的印花税:

房产所有权证书和土地使用权证书上的印花税各为5元。

10. 土地增值税

土地增值税是转让缴纳的税种,由于扣除项目忽略,在此不详细计算。

03 细核税费

附件01：广州地区转让房屋所需交费用

持《房地产证》卖主转让房屋需要交费用							
案例资料							
购入价格：41万				房屋面积：75m²			
房管局评估：42万				按揭年限：10年			
银行评估：40万				贷款额：28万			
一次性付款交易				按揭办理贷款			
	计算方式	买方费用（元）	卖方费用（元）		数额	买方费用（元）	卖方费用（元）
房管部门收费				按揭费用名称			
契税	420000×1.5%=6300	6300		查册费	90	90	
产权转移书据印花税	420000×0.1%=420	210	210	初评费	300	300	
房地产交易手续费	90×3×2=540	270	270	房屋评估费	400000×0.5%−300=1700	1700	
交易登记费	50	50		借款合同公证费	300	300	
权利许可证明印花税	5×2=10	10		交易委托公证费	400	200	200
合计		7570	7090	480	贷款印花税	280000×0.005%=14	14

续表

	计算方式	买方费用(元)	卖方费用(元)	数额	买方费用(元)	卖方费用(元)
房管部门收费				按揭费用名称		
新增费用	营业税、个人所得税	—	待定	保险费	280000×1.2×0.1%×10=3360（折后2688元）	2688	
				按揭代办费用	280000×1.2%=3360元	3360	
				合计	8852元	8652	200
				房管部门的收费			
				契税	420000×1.5%=6300	6300	
				产权转移印花税	420000×0.1%=420	210	210
				交易手续费	9×3×2=540	270	270
				交易登记费	50	50	
				权利许可印花税	5×2=10	10	
				他项权利登记费	250	250	
				合计	7570	7090	480
				新增费用	营业税、个人所得税	—	待定

注：本收费仅适用于广州地区的税费、转按、公积金、公积金组合贷款收费另计，本收费标准仅供参考，一切收费以实际发生为准。
（1）以上例子重点分析不同购买方式产生的费用不同；
（2）以上例子帮助读者分析不同购买方式买卖双方在房屋转让过程中的支付的成本差别

附件02：北京房地产交易相关税费一览表

税（费）种类	税率	计税（费）前提	税（费）计算标的	纳税（费）义务人
营业税	5%	销售建筑物及其他土地附着物（即不动产）	销售收入	销售单位
	5%	转让土地使用权及房屋所有权	转让收入	转让方
	5%	房屋出租	租金收入	出租方
	5%	中介、服务	服务费	服务单位
印花税	0.03%	销售建筑物及其他土地附着物（即不动产）	购销同金额	立合同双方
	0.05%	转让土地使用权及房屋使用权	所有权转移书据、合同金额	立书据、合同双方
	0.1%	租赁	租赁合同金额件	立合同双方
	5.00	领取土地使用证及房屋所有权证		领受人
契税	4%	个人购买房屋	成交金额	买受人
企业所得税	33%	房地产经营所得	税前利润	企业
土地增值税	30%~60%	转让国有土地使用权、地上建筑及附着物	转让房地产所取得的增值额	转让方
固定资产投资方向调节税	5%	单位购买商品住宅	销售额	购房单位
	10%	单位购买非住宅	销售额	购房单位
	15%	三资企业和个人购房		购房者
	30%			

续表

税（费）种类	税率	计税（费）前提	税（费）计算标的	纳税（费）义务人
城市维护建设税	7%	市区	营业税额	纳营业税方
	5%	郊县城镇	营业税额	纳营业税方
	1%	农村	营业税额	纳营业税方
教育附加费	3%	市区、郊县城镇、农村	营业税额	纳营业税方
房产税	1.2%	单位自用房屋	房产余值	房屋所有权人
	22%	房屋出租	租金收入	房屋所有权人
房屋登记费	双方各2.00元/件	房屋买卖、租赁	件数	买卖（租赁）双方
房屋买卖手续费	双方各0.5%	房屋买卖	成交价格	买卖双方
房屋租赁手续费	双方各0.5%	房屋租赁	年租金	租赁双方
房屋赠与手续费	0.30元/m^2	公房赠与	建筑面积	受赠人
	4.00元/件	私房赠与	件数	受赠人
房屋继承析产手续费	0.10元/m^2	房屋继承析产	建筑面积	继承人、析产人
国有土地使用权地价款		国有土地使用权出让	实际评估价	受让人
房屋产权登记费	0.30元/m^2	房屋产权转移	建筑面积	房屋产权所有人
房产所有证	4.00元/件	房产所有证	件数	房屋产权所有人

附件03：二手房交易税费明细表

房屋性质	征税项目	征税比例	
		卖方	买方
公有住房	所得税	1.5%	——
	印花税	0.05%	0.05%
	土地出让金	——	1%
	契税	——	1.5%
	交易手续费	3元/m²	3元/m²
	权证变更登记费	——	130元
	贴花	——	5元

新手知识总结与自我测验

总分：100 分

第一题：写出五个房地产交易税类型。（5 分 / 个，共 20 分）
_____
_____
_____
_____

第二题：印花税一般在房地产交易过程中哪些情况时需要缴纳？（20 分）
_____
_____
_____
_____

第三题：房屋交易登记是否需要交纳税费？如果有，是多少？（30 分）
_____
_____
_____
_____

思考题：在广州，二手房交易涉及哪些房地产税费？（30 分）
_____
_____
_____
_____

得分：　　　　　　　　　　　签名：

住宅地产新兵入门 04

知晓登记
房地产权属登记的基础知识

操作程序

一、房地产权属登记相关概念
二、房地产权属七种登记种类
三、房地产权属登记
四、房地产权属登记的有关约定
五、商品房过户流程

本章使用指南

房地产权属登记是房地产产权管理的主要行政手段，是政府为健全法律、加强房地产管理，依法确认房地产所有权的法定手续。凡在规定登记范围内的房产，无论属谁所有，都必须按照所有权登记办法的规定，向政府所在地的房地产机关申请产权登记，经审查确认产权，由房地产管理机关颁发所有权证，即产权得到法律上的承认。产权登记后，产权人依法对其房地产行使占有、使用、处分和收益权能，任何其他人无权干涉或妨碍，否则产权人可依法请求法律上的保护。

一、房地产权属登记相关概念

1. 房地产产权的三个概念

房地产产权是指产权人对房屋的所有权和对该房屋所占用土地使用权。房屋作为不动产与土地是不可分割的一个整体,房屋在发生转让等产权变更时,必然是房地一体进行的,不可能将房屋与土地分割开来处分。

在具体的房地产项目销售中,开发商拥有房屋、车库等的产权并独立出售,但像属于小区绿地等部分的公建,对购房者而言,就不具备产权的概念。

(1)房屋所有权

房屋的所有权为房屋的占有权、管理权、享用权、排他权、处置权(包括出售、出租、抵押、赠与、继承)的总和。拥有了房屋的所有权就等于拥有了对该房屋在法律允许范围内的一切权利。

(2)房屋使用权

房屋使用权是指对房屋拥有的享用权,不包括出售、抵押、赠与、继承等。房屋租赁活动成交的是房屋的使用权。

(3)产权证书

产权证书是指"房屋所有权证"和"土地使用权证"的合二为一,是房地产权的法律凭证。

房屋产权证书内容

房屋产权证书包括:产权类别、产权比例、房产坐落地址、产权来源、房屋结构、间数、建筑面积、使用面积、共有数纪要、他项权利纪要和附记,并配有房地产测量部门的分户房屋平面图。

2. 房地产权属登记

房地产权属登记是指法律规定的管理机构对房地产的权属状况进行持续的记录,是对拥有房地产的人的权利进行的登记,包括对权利的种类、权利的范围等情况的记录。

《中华人民共和国城市房地产管理法》第五十九条规定:"国家实行土地使用权和房屋所有权登记发证制度"。可见,我国的城市房地产权属登记实行土地与房屋分别登记的制度,即一宗房地产要办理两个产权证书,一个是国有土地使用权证书,一个房屋所有权证书。

3. 宗地、宗地号

宗地是地籍的最小单元,是指以权属界线组成的封闭地块。土地以宗地为基本单位统一编号,叫宗地号,又称地号,其有四层含义,称为区、带、片、宗,从大范围至小范围逐级体现其所在的地理位置。如深圳 B107*24 这个地号表示福田区第 1 带 07 片第 24 宗地。

4. 宗地图、证书附图

宗地图是土地使用合同书附图及房地产登记卡附图。它反映一宗地的基本情况。它包括:宗地权属界线、界址点位置、宗地内建筑物位置与性质、与相邻宗地的关系等。

证书附图即房地产后面的附图,是房地产证的重要组成部分,主要反映权利人拥有的房地产情况及房地产所在宗地情况。

5. 地籍、产籍

因为实行房地产一体化管理,所以通常所指的地籍、产籍、房地产籍是同一概念。它是指土地的自然状况、社会经济状况和法律状况的调查与登记,包括了土地产权的登记和土地分类面积等内容。具体地讲,是对在房地产调查登记过程中产生的各种图表、证件等登记资料,经过整理、加工、分类而形成的图、档、卡、册等资料的总称。

6. 全部产权

全部产权指按市场价和成本价购买的房屋,购房者拥有全部产权。经济适用房亦属于全部产权。

7. 部分产权

部分产权指职工按标准价购买的公有住宅。在国家规定的住房面积之内，职工按标准价购房后只拥有部分产权，可以继承和出售，但出售时原产权单位有优先购买权，售房的收入在扣除有关税费后，按个人和单位所占的产权比例进行分配。

二、房地产权属七种登记种类

房地产权属登记种类主要有七种，见图 4-1。

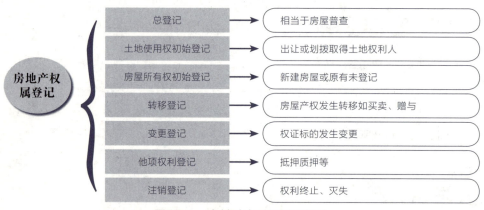

图 4-1 房地产权属登记类别

1. 房地产总登记

总登记是在一定行政区域和一定时间内进行的房屋权属登记，相当于房屋的普查。县级以上地方人民政府根据需要，可以对本行政区域内的房屋权属证书进行统一的权属登记，即总登记。登记机关认为需要时，经县级以上人民政府批准，可以对本行政区域内的房屋权属证书进行验证或换证。总登记、验证或换证时，由县级以上地方人民政府在规定期限前 30 日发布公告，明示总登记、换证或验证的区域、申请期限、当事人应提交的证件、受理申请的地点等。

凡列入总登记、验证或换证范围的，无论权利人以往是否取得房屋权属证书，权属状况有无变化，均应在规定的期限内办理登记。

2. 土地使用权初始登记

土地使用权初始登记指以出让或划拨方式取得土地使用权的，权利人应申请办理土地使用权初始登记。

3. 房屋所有权初始登记

房屋所有权初始登记指新建房屋申请人或原有但未进行过登记的房屋申请人原始取得所有权而进行的登记。新建房屋申请人应在竣工 3 个月内向登记机关申请房屋所有权初始登记，提交土地使用权出让合同、土地使用权证、建设用地规划许可证、建设工程规划许可证、施工许可证、房屋竣工验收资料等。

4. 转移登记

转移登记时限为 30 日。因房屋买卖而发生转移的，应提交房屋所有权证、土地使用权证、买卖合同等；因房屋交换发生转移的，提交房屋所有权证、土地使用权证、交换协议等；因房屋赠与发生转移的，提交房屋所有权证、土地使用权证、赠与合同等；因继承而发生转移的，继承人、受遗赠人应当分别提交被继承人死亡证明、权属证明书、公证书、遗产分割协议或法院的判决书、调解书、原房屋所有权证、原土地使用权证、同一顺序放弃继承权的弃权书、遗嘱或遗嘱证明（图 4-2）。

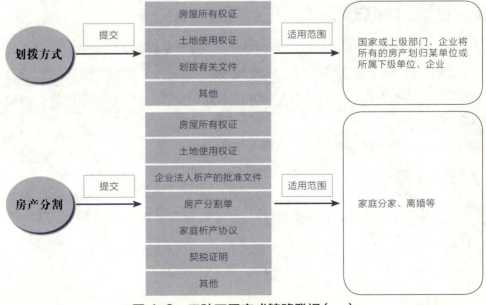

图 4-2　三种不同方式转移登记（一）

图 4-2 三种不同方式转移登记（二）

房屋转让应当提交与转让行为相关的各种证明文件；房屋裁决应当提交仲裁书、法院判决书。

5. 变更登记

变更登记有两方面内容：一是法定名称变更，即权利人作为权利主体没有变化，只有他使用的名称发生更改；二是房屋坐落的街道、门牌号、房屋名称、房屋面积、重新翻建等情形发生变化，需要进行变更登记。

权利人应在事实发生之日起 30 日内进行变更等登记，提交房屋所有权证，土地使用权证，公安户籍证明，居民身份证、户口簿，法人、组织注册登记，主管机关的有关证明文件及规划、建设部门的有关证明文件。

6. 他项权利登记

设定房屋抵押权、典权等他项权利的，权利人应在事实发生 30 天内申请他项权利登记。他项权利登记应当提交房屋所有权证、土地使用权证、抵押的主合同和抵押合同；典当房屋的典当合同及其他相关证明、材料。以房屋期权作为抵押物的，应提交房屋预售合同、抵押合同。

7. 注销登记

注销登记指房屋权利因房屋或土地灭失、土地使用年限届满、他项权利终止、权利主体灭失等而进行的登记。

04 知晓登记

操作程序

三、房地产权属登记

1. 房地产权属初始登记注意事项

指对未经登记机关确认其房地产权利、领取房地产权利证书的土地使用权及建筑物、附着物的所有权进行的登记。

（1）申请初始登记条件（深圳市规定）

条件一：凡与各省市规划国土局或属下分局签订了土地使用权出让合同书，并付清了地价款后三十日内；

条件二：自取得建筑物、附着物竣工证明之日起六十日内。

具备上述两个条件，方可申请初始登记。

（2）申请土地使用权初始登记提交的文件

1）房地产初始登记申请

申请中应包括房屋的建筑面积、使用性质、建筑结构、建成年代、地号、权属来源、使用权面积等信息。

2）身份证明

个人身份证或企业法人营业执照和法定代表人证明，或国家机关负责人证明。或市政府批准设立组织的文件和该组织负责人证明。境外企业、组织提供的身份证明应按规定经过公证或认证。

3）土地权属证明

以出让方式取得土地使用权或根据土地使用合同书规定由权利人自行征地的，需要提交以下两类证书。

第一，提交土地使用合同；

第二，提交征地补偿协议；付清地价款证明。

以行政划拨方式取得土地使用权的，需要提交以下四类证明：

第一，市政府批准用地文件；

第二，用地红线图；

第三，征地补偿协议书；

第四，以其他合法形式取得土地使用权的，应提交有关证明文件。

4）测绘结果报告书

登记机关认可的测量机构出具的实地测绘结果报告书。

（3）申请房地产权初始登记应提交的文件（图4-3）

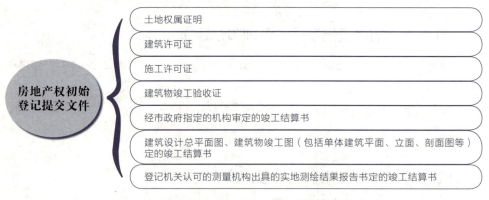

图4-3 房地产权初始登记应提交文件

（4）房地产登记公告期

申请房地产初始登记及申请补发《房地产证》需要进行公告，公告期分别为30日及6个月。

（5）房地产登记六大条例

条例1：房地产权利的设定、转移、变更、终止等须依照本条例的规定进行登记；

条例2：地方市人民政府房地产主管部门是地产登记机关；

条例3：房地产权利证书是权利人依法管理、经营、使用和处分房地产的凭证；

条例4：房地产登记应对权利人、权利性质、可能性来源、取得时间、变化情况和房地产的面积、结构、用途、价值、等级、坐落、坐标、形状等进行记载；

条例5：房地产权利证书由市政府统一印刷，房地产权利证书不得涂改，任何涂改视为无效。房地产登记册有涂改的，应加盖登记机关的核对章；

条例6：房地产登记实行统一表格制度。

2. 房地产权属登记的四大程序

房地产权属登记的程序如图4-4。

图4-4 房地产权属登记四大程序

登记机关自受理登记申请30日内应做出准予登记、暂缓登记、不予登记的决定，并书面通知权利人。凡权属清楚、产权来源资料齐全的，初始登记、转移登记、他项权利登记应在受理登记后2个月内核准登记，并颁发房屋权属证书；注销登记应在受理登记后1个月内核准注销，并注销房屋权属证书。

四、房地产权属登记的有关约定

1. 房地产登记的权利人名称确定

房地产登记的权利人名称根据如下办法确定：

（1）企业法人，为该企业法人的法定名称；

（2）国家机关、事业单位，为该机关、单位的法定名称或政府确认的名称；

（3）非法人组织，为该组织依法登记的名称或政府批准的名称；

（4）个人，为合法身份证明的姓名；

（5）共有人，为各权利人的名称或姓名。

2. 房地产登记单位范围

房地产登记是以一宗土地为单位进行登记的。一宗土地存在两个或两个以上权利人的，各权利人分别对该宗土地上的建筑物、附着物的所有权和拥有的土地使用份额申请登记。

3. 关于房地产登记申请的约定

（1）当事人共同申请

第一，房地产买卖、抵押、分割、赠与等房地产登记由有关当事人共同申请。

第二，法律规定共同申请的，一方当事人不配合，应承担相应的法律责任。

房地产申请登记说明

根据《房地产登记条件》的规定，应由当事人共同申请登记的，一方申请，另一方不申请或虽申请但不提供登记文件的，登记机关可责成不申请登记或不提供登记文件的一方限期办理登记手续。限期内仍不办理的，可处以一千元以上五千元以下罚款。登记机关经审查认为符合登记条件的，可视为其登记。

（2）当事人单独申请的 6 种情形

情形 1：土地使用权或建筑物、附着物所有权的初始登记；

情形 2：因继承或遗赠取得房地产的转移登记；

情形 3：因人民法院已经发生法律效力的判决、裁定和调解而取得房地产权利的有关登记；

情形 4：变更登记；

情形 5：因土地使用年限届满的注销登记；

情形 6：因房地产权利证书丢失、破损而重新申领、换领房地产权利证书等其他登记。

（3）委托登记注意事项

申请房地产登记，申请人可以委托他人代理。由代理人办理申请登记的，应向登记机关提交申请人的委托书。境外申请人的委托书应按规定经过公正或认证。

（4）公证手续办理要求

按照有关规定，房地产合同当事人一方为境外人士或机构的，须办理合同公证手续。

(5) 房地产登记收费标准

按《各省房地产登记条例》规定，一般情况下，申请房地产登记，权利人应按规定交纳登记费（表4-1）：

● 房地产登记费用收取标准　　　　　　　　　　　　　　　　　　表 4-1

名录	收费标准	其他约定
初始登记	登记价值的 0.1%	但登记价值超过 3000 万元的，超过部分按 0.05% 交纳
转移登记	登记价值的 0.1%	但登记价值超过 1000 万元的，超过部分按 0.05% 交纳
抵押登记	抵押价值的 0.01%	但每项最低不低于 100 元
变更登记	每项交纳 20 元	
其他登记	每项交纳 20 元	

(6) 关于房屋权属证书的法律规定

从1998年7月1日起，全国房屋产权登记机关开始启用全国统一的房屋权属证书。房屋权属证书由住房和城乡建设部统一制作，其他部门、单位制作的房屋权属证书一律无效，不受国家法律保护。《中华人民共和国城市房地产管理法》和《城市房屋权属登记管理办法》有以下法律规定：

规定1：国家实行土地使用权和房屋所有权登记发证制度。房屋权利申请人应当按照国家规定到房屋所在地人民政府房地产行政主管部门申请房屋权属登记，领取房屋权属证书。

规定2：房屋权属证书包括《房屋所有权证》、《房屋共有权证》、《房屋他项权证》三种。房屋权属证书是权利人拥有房屋权利的唯一合法凭证，受国家法律保护。

规定3：房产权利人应当在规定的期限内持有关证件到房地产管理部门申请登记，领取房屋权属证书：自建房屋；房产权属转移的；房产权利人更改法定名称或房屋坐落的街道、门牌号发生变化、房屋翻改建、拆除、倒塌、焚毁使房屋现状变更的；设定他项权利的（房地产抵押权、典权等）；房屋或者土地灭失、土地使用年限届满、他项权利终止等。

4. 产权证办理手续

房屋的产权从概念上讲是没有大小之分的。依据住房和城乡建设部《城市房屋权属登记管理办法》的规定，县级以上地方人民政府由一个部门统一负责房产管理和土地管理工作的，可以制作、颁发统一的房地产权证书，依照《城市房地产管理法》的规定，将房屋的所有权和该房屋占用范围内的土地使用权的确认和变更，分别载入房地产权证书。房地产权证书的式样报国务院建设行政主管部门备案。

（1）产权证申请

城市规划区国有土地范围内的新建的房屋权属登记，申请人应当在房屋竣工后向登记机关申请房屋所有权初始登记，并提交相应证明。

（2）提交的证明材料

第一，用地证明文件；

第二，土地使用权证；

第三，建设用地规划许可证；

第四，建设工程规划许可证；

第五，施工许可证；

第六，房屋竣工验收资料；

第七，房屋面积测量成果报告；

第八，竣工项目地价款核实复函（出让宗地）；

第九，商品房需提交公用建筑面积分摊材料；

第十，国有土地使用证或土地来源证明材料；

第十一，房屋竣工证明文件；

第十二，立项批复；

第十三，申请人身份证明或法人资格证明；

第十四，委托代理人申请登记的，还应提交授权委托书、代理人资格身份证明。

购房者取得产权证的通常做法

购房者与开发商或开发商指定的代理人签订代理办理产权证协议，收费由双方协商。购房者需要做的是提供购房合同一份，购房发票（复印件）、身份证、户口本（复印件）、购房人名章等。若是单位购买还须提供营业执照（复印件）、法人身份证明、授权委托书等。另外，购房者还需要在产权登记表、申请购买商品房登记表、买卖契约上盖章，按照国家有关政策交纳费用。

（3）办理产权证书的大致步骤

办理产权证书大致要经过如下四个步骤（图4-5）：

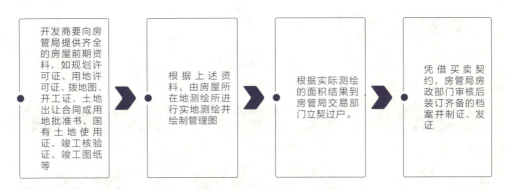

图 4-5　办理产权证书的四大步骤

一般而言，整个过程大约需要 3～6 个月的时间。产权证的延迟可能是因为前期资料不全、土地出让金未交纳齐全、服务体系不完善等原因。

（4）购房者无法取得房产证的法律责任

针对由于出卖人的原因导致购房者无法取得房产证的情况，自 2003 年 6 月 1 日起实施的《最高人民法院关于审理商品房买卖合同纠纷案件适用法律若干问题的解释》指出：由于出卖人的原因，买受人在下列期限届满未能取得房屋权属证书的，除当事人有特殊约定外，出卖人应当承担违约责任。合同没有约定违约金或者损失数额难以确定的，可以按照已付购房款总额，参照中国人民银行规定的金融机构计收逾期贷款利息的标准计算。

另外，还规定商品房买卖合同约定或者《城市房地产开发经营管理条例》第 33 条规定的办理房屋所有权登记的期限届满后超过一年，由于出卖人的原因，导致买受人无法办理房屋所有权登记，买受人请求解除合同和赔偿损失的，应予支持。也就是说，由于出卖人的原因，如果购房人在合同约定期限内不能取得房屋权属证书，那么在该期限届满一年后，购房者可以退房并要求出卖人赔偿经济损失。

五、商品房过户流程

房地产过户一般包括交易性过户（如二手房交易）和非交易性过户（如继承）两种形式。

1. 交易性过户

交易性过户需提交房屋买卖合同、产权证明或其他凭证、户口簿、双方身份证、其他证明等资料，其流程如图 4-6：

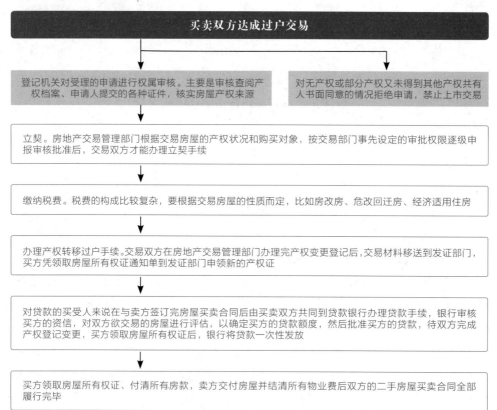

图 4-6　交易性过户流程

2. 继承过户

（1）继承过户流程

第一步，要到房屋所在地的区公证处办理继承权的公正，如果是以前的外销商品房，必须要市公证处办理公证。

第二步，带着继承权公证书的原件、继承过户的申请书（房地产交易中心有规范的格式）、继承人的身份证明、房地产权证原件、房屋平面图及地籍图原件，以前购房时候的契税完税证和契税完税贴花、被继承人死亡证明到房地产中心进行房地产继承的登记。

第三步，缴纳税费。

第四步，办理产权转移过户手续。

（2）需要提交的资料

第一，继承权公证原件；

第二，继承过户的申请书（房地产交易中心有规范的格式）；

第三，户口簿；

第四，继承人的身份证明；

第五，地产权证原件；

第六，房屋平面图及地籍图原件；

第七，以前购房时候的契税完税证和契税完税贴花；

第八，被继承人死亡证明；

第九，有遗嘱的继承权公证比后者需要多提供一份已经被公证过的遗嘱。

（3）继承过户需要缴纳的税费（表4-2）

继承过户需要缴纳的税费（以上海为例）　　　　　　　　　表4-2

收费名目	收费标准
公证费	经过专业部门评估后的评估价值的2%，最低收取200元
评估费	使用的差额定率累进来计费。按照房地产价格总额大小划分费率档次，分档计算各档的收费，各档收费额累计之和为收费总额
印花税	合同印花税房子估价的0.05%，5元权证印花税
登记费	100元

经典案例

继承过户需要缴纳的税费案例

案例：毛先生的有一套房产，面积50m^2，经过专业的评估机构评估下来，评估价格为30万元，办理继承的话，需要支付多少税费。评估费收费比例为0.5%。

具体收费标准：

继承人需要缴纳的公证费用为30万×2%=6000元；

合同印花税为30万×0.05%=150元；

登记费100元；

权证印花税5元；

评估费30万×0.5%=1500元。

合计7755元，约占房产总值的2.59%。

六、房屋赠与流程

1. 房屋赠与流程

第一,房产的赠与人与受赠人之间需要订立一份房屋赠与的书面合同;
第二,到房屋所在地的公证处进行房屋的公证;
第三,到房地产交易中心去办理房屋所有权转移登记手续。

2. 房屋赠与提交的资料

房屋赠与需提交房屋赠与申请书、原有的房地产产权证、赠与书及公证材料、缴纳的契税收据等资料。

3. 赠与需要缴纳的税费

继承过户需要缴纳的税费标准如表4-3。

● 继承过户需要缴纳的税费(以上海为例) 表4-3

收费名目	收费标准
公证费	经过专业部门评估后的评估价值的2%来收取,最低收取200元
评估费	使用的差额定率累进来计费。按照房地产价格总额大小划分费率档次,分档计算各档的收费,各档收费额累计之和为收费总额
印花税	合同印花税房子估价的0.05%,5元权证印花税
登记费	100元
契税	房屋价值的1.5%

房屋赠与与过户的收费差异

房屋赠与的收费标准基本与过户类似,但是增加了契税的征收。经过折算,其税费相当于总价的4.09%左右,各个地方需要区别对待。

04 知晓登记

七、商品房产权转让的有关约定

1. 房地产转让

（1）房地产转让

房地产转让，是指合法拥有土地使用权及土地上建筑物、附着物所有权的自然人、法人和其他组织，通过买卖、交换、赠与将房地产转移给他人的法律行为。

（2）转移登记范围

经初始登记的房地产，有下列情形之一的，当事人应自合同或其他法律文件生效之日起三十日内申请办理转移登记：买卖、继承、赠与、交换、依照法律法规规定作出的其他强制性转移、人民法律判决、裁定的强制性转移、共有财产的分割。

（3）需提交资料

第一，《房地产转移登记申请书》；

第二，《房地产证》；

第三，买卖合同书；

第四，行政划拨或减免地价款的土地，需提交市局或分局同意转让的批准文件及补足地价款的证明；

第五，区房改办的批复及分户汇总表；

第六，身份证明；

第七，非法人单位的，需提供其产权部门同意转让的证明。

2. 产权转让的有关约定

（1）预购的楼房是否可以转让

预购的楼房当预购方付足购房价款总额 25% 以上时，可凭已在登记机关备案的买卖合同再转让，并在合同背上载明再转让的价格等情况。

（2）不予转让的约定

下列房地产，不得转让：

第一，根据城市规划，市政府决定收回土地使用权的；

第二，司法机关、行政机关依法裁定的，决定查封的或者以下其他形式限制房地产权的；

第三，共有房地产，未经其他共有人书面同意的设定抵押权的房地产，未经抵押权人同意的；

第四，权属有争议的；

第五，法律、法规或市政府规定禁止转让的其他情况。

（3）房地产转让时公用设施约定

房地产转让时，转让人对同宗土地上的道路绿地、休憩地、空余地、电梯、楼梯、连廊、走廊、天台或者其他公用设施所拥有的权益同时转移。

房地产首次转让合同对停车场、广告权益没有特别约定的，停车场、广告权益随房地产同时转移；有特别约定的，经房地产登记机关初始登记，由登记的权利人拥有。

3. 如何识别产权转移过程中证件真假

（1）格式内容

新的房屋权属证书由住房和城乡建设部设计监制，中国人民银行北京印钞厂独家印制。新证共分三种：即《房屋所有权证》、《房屋共有权证》、《房屋他项权证》。内页印有统一规范的填写项目。

（2）印制质量

权证印刷质量上乘，封面为红色（他项权证为蓝色），印有金色国徽。材料为进口护照面料，内页为粉红色印钞纸，采用了护照和钞票印制工艺。

（3）防伪标识

🌐 **鉴别防伪标识步骤**　　　　　　　　　　　　　　　　　　表 4-4

步骤	内容
第一步：看建房注册号	编号是否与建设部公告的全国统一编号一致
第二步：看发证机关盖章	市或县房地产管理局或人民政府盖章，印迹清晰、干净、均匀
第三步：看团花	封面里页有土红、翠绿二色细纹组成的五瓣叠加团花。线条流畅，纹理清秀
第四步：看花边	发证机关盖章页有上下等宽、对称，左右等宽、对称的咖啡色花纹边框
第五步：暗印、水印	所用纸张为印钞纸，浅粉底色，并印有等线宋体"房屋所有权证"的纹暗印。将纸对着光亮处，则可见高层或多层水印房屋，编号在封面三页，即"注意事项"页右下角有印钞厂的印刷流水编号。同一发证机关的权证号码是连续的
第六步：发证编号	即首页花边框内上端有由发证机关编列的权证号码。此号码与发证机关的簿册、档案记载相一致

4. 无产权证新商品房如何转让

无产权证新商品房属于特殊状态的房产，这样的房子理论上讲是可以转让的，但实际操作难度很大，且必须通过开发商认可。如果开发商给予配合，买方贷款可按常规的按揭贷款方式进行，符合公积金贷款条件的也可以贷款。

5. 产权商品房在出租期间是否可以转让

法律上有一个原则——买卖不破租赁。出租房屋可以买卖，但承租人在同等条件下有优先购买权。

新手知识总结与自我测验
总分：100 分

第一题：产权证书具体代表什么？（共 20 分）

第二题：您知道多少种登记方式？（20 分）

第三题：赠与过户与继承过户负担的税费是否一样？（30 分）

思考题：权属登记和初始登记的不同点在哪里？（30 分）

得分：　　　　　　　　　　签名：

住宅地产新兵入门 05

粗谈规划
房地产规划基础知识

操作程序

一、房地产规划基本概念
二、居住区四种建筑排列形式
三、建筑通风、采光规划
四、居住区的规划概念
五、居住区规划的性能要求指标
六、规划常用术语及指标

本章使用指南

规划可以通过绿色空间、水体的运用和阳光的重视，改变人们心目中建筑的冰冷形象，把人们从传统的钢筋混凝土唤回到生态美的形象塑造中。城市规划、建筑规划、居住规划师规划的主要形式，建筑规划是建筑的布局形式，考虑开窗、日照等要素以满足建筑的通风采光效果，而居住规划更多地在原地覆盖交通的布局、公共设施的匹配等。

一、房地产规划基本概念

1. 功能规划 (Functional planning)

对某些领域（如运输、住房和水质）的需要或活动定出目标、政策和工作程序的规划，通常由政府制订。

2. 住房建设规划 (Housing program)

住房建设规划指制订出若干年内分年度建造住房的规划，包括居住区和住房建造的数量以及居住水平等多项指标。

3. 实体规划 (Physical planning)

为开发或改造一个地区而预先做出的设计，把现有一切自然和人为的物质条件纳入规划，加以全面考虑，包括基础设施、房屋建筑、最佳开发战略等。

4. 竖向规划 (Site engineering)

对建设场地，按其自然状况、工程特点和使用要求所作的规划。包括场地与道路标高的设计，建筑物室内、外地坪的高差等，以便在尽量少改变原有地形及自然景色的前提下满足日后居住者的要求，并为良好的排水条件和坚固耐久的建筑物提供基础。

5. 建设场地规划 (Site planning)

为某一地块的建设所准备的设计和平面布置图、说明书及工程细节，包括对设施的位置、标高、排水、市政设施、道路、人行道、停车场、绿化等细节的考虑。

05 粗谈规划

6. 商业网点（Commercial network）

商业网点指中国城市中商业与服务业机构的网络。一般按分等分级（例如市区和小区级）设置的原则，即在全市或一定地域范围内布点，以发挥最大的经济效益，并确立每个点的作用与经营范围，以及点与点之间的分工合作关系。商业网点的规划是总体规划的一部分，其经营服务内容有副食蔬菜店、零售商店、药店、邮局、储蓄所等等。

7. 城市改造（Urban redevelopment）

利用来自公、私财源的资金，以不同的方法对旧城进行改造，尤其是在实体方面，包括建造新的建筑物、将旧建筑修复再利用或改作他用、邻里保护、历史性保护及改进基础设施等。

8. 区位理论（Location Theory）

试图解释决定经济活动分布状况的动力和因素的一种经济理论，尤其是关于公司企业、农业、市镇及市镇内居民的空间分布形态等。中心地带理论和同心区理论是区位理论的一部分。

9. 城市规模（City size）

通常指城市的人口数量，有时以城市用地面积为辅助标志。在中国，人口超过一百万的为特大城市（常为省或自治区的重要城市／或首府），人口在五十万至一百万以下的为大城市，人口在二十万到五十万以下的为中等城市，人口在二十万以下的为小城市。

美国城市与地方的定义
在美国，为人口普查的需要，人口超过2500人者称为城市，在2500人以下者称为地方。

10. 天际线（Skyline）

由许多高大的建筑物在天际形成的轮廓。为现代化大城市的一个特色，如纽约。

11. 空间布局 (Space planning)

为提供满足人们居住、舒适和娱乐要求的空间而对建筑物内部的面积使用所做的设计工作。

12. 临街面 (Frontage)

一块土地或房产临街的一面。

13. 绿带 (Greenbelt)

指围绕城市，由园林和农田等组成的带状地区。一般由官方机构规定，用以限制城市的扩展，防止人口稠密的建成区间连成一片。

14. 居民点 (Settlement)

人类按照生产和生活需要而形成的集聚定居地点。按性质和人口规模，居民点分为城市和乡村两大类。

15. 城市化 (Urbanization)

人类生产和生活方式由乡村型向城市型转化的历史过程，表现为乡村人口向城市人口转化以及城市不断发展和完善的过程。又称城镇化、都市化。

16. 城市群 (Agglomeration)

一定地域内城市分布较为密集的地区。

17. 卫星城（或卫星城镇）(Satellite town)

在大城市市区外围兴建的、与市区既有一定距离又相互密切联系的城市。

18. 开发区 (Development area)

由国务院和省级人民政府确定设立的实行国家特定优惠政策的各类开发建设地区的统称。

二、居住区四种建筑排列形式

居住区主要布局形式有行列式、围合式、向心式、隐喻式（图5-1）。在实际运用时，并不一定严格拘泥于某种形式，往往是多种形式的综合运用。

图 5-1　四种建筑排列示意图例

1. 行列式

也称兵营式、并排式。其最主要的特点是各建筑物呈规律性的行、列布置，朝向一致，布局整齐，有可能都获得较佳朝向，但布局显得单调、呆板。

2. 围合式

其最主要特点是沿基地外围周边布置，建筑物中间被围合成一个共享空间（通常在其中设置公园、休闲及健身设施）。造型美观，有更多的住户能看到小区外围的自然景观。但会形成对望，影响私密性，有一部分建筑物采光通风较差。

3. 向心式

建筑物围绕一个中心搁 F 列，表现出强烈的向心性。这种形式在山地用得较多，因为依山就势布置的环状路网往往造就了向心布局。这种布局别具风味，视野开阔。

4. 隐喻式

以某种事物（如：字母、花朵等）为原形，经过概括、提炼、抽象成建筑布局。该布局能具有较强的环境感染力。

三、建筑通风、采光规划

1. 开窗的基本目的是为了采光和通风

一个房子的通风采光效果，主要使通过开窗来实现的。

（1）窗地比

窗地比指的是开窗面积与房间面积的比例关系。

开窗基本目的是为了采光和通风，当然也有立面的需要，而开窗面积的大小主要取决于功能（采光亮度）的需要。

一般来说，居室的窗地比（开窗面积与房间面积之比）为 1/10 ~ 1/8 就可以满足要求，而阅览室对采光的要求比较高，其窗地比需要达到 1/6 ~ 1/4，普通教室介于上述二者之间，一般为 1/8 ~ 1/6。当然在满足使用的前提下根据立面效果的要求作适当调整是允许的，比如为了整体建筑效果的统一，教室、阅览室可以选择方窗或带型窗，局部可以使用落地窗，但是如果片面地追求立面效果而不顾内部空间的使用要求任意开窗肯定是不合适的。例如把图书馆的书库全做成落地窗甚至玻璃幕墙，就很难满足书籍长期保存所需要的恒温、恒湿和防紫外线等要求。

（2）开窗形式

不同的功能需要还会影响到开窗的形式，从而对具体的空间形式产生制约性。一般建筑上最常用的为侧窗，采光要求低的可以开高侧窗，采光要求高的可以开带形窗或角窗。一些进深大的空间在单面开窗无法满足要求时，则可以双面开窗，一些工业厂房由于跨度大、采光要求又高，除了开设侧窗外，还必须设开窗。还有些特殊的空间如博物馆、美术馆的陈列室，由于对采光质量要求特别高，即要求光线均匀又不能产生反光、眩光等现象，则必须考虑采用特殊形式的开窗处理。

知识点 开窗手法和朝向的选择

开窗的手法和朝向的选择是从质的方面来保证空间功能的合理性，而空间的"质"也会影响到空间的"形"，不同的开窗形式、朝向、明暗光线都会使空间呈现开敞、封闭、流动、压抑等多种形态。

2. 日照条件

我国处在北半球，冬季太阳方位角变化范围小，在各个朝向上获得日照时间变化幅度很大。以北京地区为例，在建筑物无遮挡的情况下，以南墙面的日照时间最长，自日出至日落，都能得到日照；北墙面则全日得不到日照；在南偏东（西）30°的朝向范围内，冬至日可有9小时日照，东、西朝向只有4.5小时日照。夏季由于太阳方位角变化范围较大，各向墙面都能获得一定日照时间，以东南、西南、南向获日照多，北向较少。由于太阳直射辐射强度一般是上午低、下午高，所以无论冬季或夏季，墙面上接受的太阳角辐射强度都是偏西的比偏东的稍高些。而且夏季室外的最高气温是出现在13～17时之间，此时太阳位置正在西半边的方位上，由此可知建筑朝向在南偏西45°～90°间朝太阳方位角变化向的范围内，西晒是比较强烈的。防止西晒确实有其道理（图5-2）。

由上可知，从日照条件分析来看，南偏东45°至偏西45°是较适宜的建筑（房间）朝向。

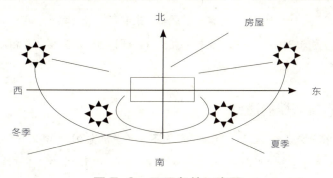

图 5-2　日照条件示意图

3. 朝向决定房屋的日照和自然通风条件

为了使居住环境更舒适，建筑（房间）选取合适的朝向也非常重要，良好的朝向决定着房间的日照条件和自然通风条件。

（1）朝向的概念

朝向一般是指采光面最大的地方，中国乡村的小洋房一般是大门的采光面最大，城市楼宇一般主阳台是每个单元的最大采光面。

还有一种说法就是：朝向是相对房子的坐向而言，这是中国易经风水上的说法。比如：房子坐向是北，那朝向就是南。

（2）朝向的功能

建筑物的朝向大多都坐北朝南（也就是单元入口朝南或朝北），这样的建筑采光比较好，不会造成单个房间全天只有一两个小时见到阳光的情况。城市的有些地方因为城市布局的需要，就必须采用坐东朝西（也就是单元入口朝东或朝西），这样的采光就比较差，且到了中午以后向西的房间会非常不舒服，整个下午都被太阳烤晒而向东的房间却没有阳光，使人有种压抑的感觉。

所以，向东或向西的房间都令人不舒服，只有向南的房间全天都比较明亮且适度。

朝向的选择要点

建筑（房间）的朝向选择涉及当地气候条件、地理环境、建筑用地、功能需求等，必须全面考虑。所谓朝向好的房屋，无外乎是在通风、采光（日照时间）这两方面表现良好。通风良好会提升室内空气质量，日照充足有利于室内卫生。

坐北朝南是公认的好朝向，但不一定是正南正北。在全国范围内，不同城市的房屋最佳朝向存在一定差距：在北方城市，西风、北风多，主要考虑采光状况；南方城市相对日光充足，则主要考虑通风好坏。不过，无论朝向如何，都要符合一定标准。国家队住宅设计有明确的规格要求，要保证每户都有充足的朝向，具体标准为冬至日当天满窗日照不低于1小时。

（3）朝向选择的原则

朝向选择的总原则是：在节约用地的前提下，冬季要能争取较多的日照；夏季避免过多的日照，并有利于自然通风的需要。以住宅为例，对各个房间来讲，主要房间如主卧室、起居室应争取较好朝向,而其他部分的要求可低些。选择朝向可从日照条件、主导风向、建筑排列形式、景观等几个方面考虑(图5-3)。

图5-3 朝向考虑因素

主导风向对冬季室内热损耗及夏季室内自然通风影响很大。在北方地区,冬季大多数地区主导风向是北风和西北风,为了防寒,主要居室应避免对着冬季主导风向(主导风向入射角应大于45°)。在南方炎热地区,应尽量使建筑物朝向与夏季主导风向入射角小于60°,以使室内得到更多的穿堂风。

(4)坐北朝南朝向的学问

中国之所以喜爱居住在坐北朝南的房子,主要原因有三:

原因1:坐北朝南的房子,在以前称为正房,那是因为这种房子冬暖夏凉、光线充足,即使在冬天,阳光也一样能照射到房间的深处,令人有明亮温暖的感觉。只要一进屋,就会觉得很舒服。而且,这种坐向的屋宅,到了夏季,当太阳升到接近头顶的上空之时,屋内也受不到强烈日光的照射。除此之外,东南风也可以通过窗口与门户吹进屋里,让人感到凉爽舒适。故此,中国人都愿意住在北房,也就是坐北朝南的屋子。

原因2:在中国以前主要的外患,都是来自北方,因此,在中国人的心理上,常存有要提防北方的心理,故这一种潜伏的、下意识的心理威胁,逐渐地对在北方开门,形成了一种心理的负担,所以,中国人不愿意在坐南朝北房屋,是有其原因的。

原因3:若是把门开在"北",一到冬天,正门便会受到北风的侵袭,故此,也是不开"北"门的另一个因素。

(5)向阳的房屋都是朝南的吗?

向阳的房屋都是朝南的吗?对中国大部分地区来说是这样的,而从世界的范围来看,这种说法是不对的。因为对不同的地区来讲,太阳在天空的方位是不一样的。受到太阳照射的日光强度也不同,故不是朝南的房屋,都是向阳的。太阳的直射点,只有在赤道地区来回移动，最北只能到达北回归线，最难只能到达南回归线。

因此，北回归线以北地区，太阳是不太可能跑到头顶上去的。所以，太阳总是挂在南边的天空。而中国绝大部分的领土都在北回归线以北，就因为如此，在中国，向阳的房屋，都是朝南是对的。

每年的夏至，太阳直射"北回归线"，可是，一到冬至，太阳又跑到"南回归线"。所以，一年到头，太阳直射点总是在南北回归线之间移动，而南、北回归线之间的这个地区，每年太阳有两次从头顶经过。

在中国的广东、广西、云南，以及台湾等省、区的南部，就是北回归线以南。所以，在夏至前后，太阳直射北回归线附近地区的时候，太阳的光就会从北边的天空射下来。因此，在这地区朝南的房屋，就不向阳了，而是朝北的房屋向阳。所以，并非向阳的房屋都朝南。

当然，由于技术进步，空调的普及，特别是南方地区，在朝向选择上并不过分看重日照，也并不一定忌讳西晒。加上随着生活水平的提高，人们的需求重点也在发生变化。除了考虑气候因素外，现在人们越来越重视景观。一个看得见风景的房间，能给居住在里面的人带来赏心悦目的感觉。所以，许多地方面向大海、湖泊、公园的房屋价位很高，但却很畅销，尽管从气候条件来讲它们的朝向并非最佳，有的甚至还很不合理。

总的来说，住宅朝向主要要求能获得良好自然通风和日照，寒冷地区居室应避免朝北，不忌西晒，以争取冬季获得一定时间的日照，并能避风防寒。炎热地区要避免西晒，尽量减少太阳对居室及外墙的直射与辐射，并要有利自然通风，避暑防湿。由上可知，坐北朝南，避免西晒还是有其道理的。当然，由于各地区情况不同，朝向上还是略有差异，具体工作时，可参考由国家组织有关单位统一编制的我国部分地区最佳及适宜朝向建议表（表5-1）。

中国部分地区最佳及适宜朝向建议表　　　　　　　　　表5-1

序号	地 区	最佳朝向	适宜朝向
1	哈尔滨	南偏东15°～30°	至南偏东15°，南至南偏西15°
2	长春	南偏东30°、南偏西10°	南偏东45°、南偏西45°
3	乌鲁木齐	南偏东40°、南偏西30°	东南，东，西
4	沈阳	南，南偏东20°	南偏东至东，南偏西至西
5	呼和浩特	南至南偏东，南至南偏西	东南，西南
6	北京	南偏东（西）以内	南偏东（西）45°以内

续表

序号	地 区	最佳朝向	适宜朝向
7	方良顺	南，南偏西 15°	南偏东 45° 至南，南偏西至西
8	银川	南至南偏东 230°	南偏东 34° 至南，南偏西 20°
9	石家庄	南偏东 15°	南至南偏东 30°
10	太原	南偏东 15°	南偏东至东
11	济南	南，南偏东 10° ~ 15°	南偏东
12	西宁	南至南偏西 30°	南偏东 30° 至南偏西 30°
13	青岛	南、南偏东 5° ~ 15°	南偏东 15° 至南偏西 15°
14	郑州	南偏东 15°	南偏东 25°
15	西安	南偏东 10°	南、南偏西
16	南京	南偏东 15°	南偏东 90°，南偏西 10°
17	合肥	南偏东 5° ~ 15°	南偏东 15°，南偏西 15°
18	上海	南至南偏东 150	南偏东 30°，南偏西 15°
19	成都	南偏东 45° 南偏西 15°	南偏东 45° 至东偏北 30°
20	武汉	南偏西 15°	南偏西 15°
21	杭州	南偏东 10° ~ 15°，北偏东 6°	南，南偏东 30°
22	拉萨	南偏东 10°，南偏西 5°	南偏东 15°，南偏西 100°
23	重庆	南，南偏东 10°	南偏东 15°，南偏西 5°
24	长沙	南偏东 90°	南
25	福州	南，南偏东 5° ~ 10°	南偏东 200° 以内
26	昆明	南偏东 25° ~ 56°	东至南至西
27	厦门	南偏东 5° ~ 10°	南偏东 22°，南偏西 10°
28	广州	南偏东 15°，南偏西 5°	南偏东 22° ~ 33°，南偏西 100°
29	南宁	南，南偏东 15°	南，南偏东 15° ~ 25°，南偏西 5°

4. 通风采光要求下的功能区规划指标

通风采光要求下的功能区规划指标如表 5-2。

通风采光要求下的功能区规划指标　　　　表 5-2

名称	内容
起居厅	①应该宽敞、明亮、通风、有较好的朝向和视野，采光口和地面面积之比不应小于 1／7
	②由于起居厅兼交通厅，所以在厅中的门应尽可能减少，留出足够摆放家具的稳定空间
	③厅宜做成长方形，其宽度不应小于 3.3m，深宽比不宜大于 2m
	④若入门为起居厅时，宜在入口处设一过渡空间，以增加户内的私密性和满足使用功能的需要
卧室	①主卧室最好有好的朝向，宽度不宜小于 3m，面积大于 $12m^2$
	②大面积户型的主卧室应带一个专用卫生间
	③如户内仅设一个卫生间，那么卫生间应放在主卧室附近
	④次卧室的面积宜大于 $10m^2$
餐厅	①和起居厅空间宜相对独立，既有关系又有分隔
	②餐厅如独立设计，最好做成明餐厅，净宽度不宜小于 2.4m
厨房	①应与餐厅密切联系，直接对外采光通风。净宽度不应小于 1.5m
	②厨具按洗、切、烧的顺序合理布置。厨房宜带一服务阳台
卫生间	①带浴缸的卫生间净宽度不得小于 1.6m，如为淋浴则净宽度不得小于 1.2m
	②对着起居室的卫生间应设前室，将洗衣机放在前室内
	③卫生间的大小应与整幢户型的面积标准相一致
阳台	①为了保证起居厅有良好的视野和采光，阳台栏杆高 1.1m，但其实体的栏板应降至 850～900mm（上加横栏杆），或将封阳台的围护结构做成全透明或部分透明
	②起居厅也可做成落地窗，外加透空栏杆
储藏间	可不对外采光通风

05 粗谈规划

四、居住区的规划概念

居住区规划布局的目的是要求将规划构思及规划因素（住宅、公建、道路和绿地等），通过不同的规划手法和处理方式，全面、系统地组织、安排、落实到规划范围内的恰当位置，使居住区成为有机整体，为居民创造良好的居住生活环境。

1. 住宅规划

住宅及其用地不仅量多面广（住宅的面积约占整个居住区总建筑面积的80%以上，用地则占居住区总用地面积的50%左右），而且在体现城市面貌方面起着重要的作用。

具体的住宅规划建议如表5-3。

住宅规划建议表　　　　　　　　　　　　　　　　　　　表5-3

名称	内容
面街布置的住宅	其出入口应避免直接开向城市道路和居住区（级）道路
在Ⅰ、Ⅱ、Ⅵ、Ⅶ建筑气候区	住宅布置主要应有利于住宅冬季的日照、防寒、保温与防风沙的侵袭
在Ⅲ、Ⅳ建筑气候区	住宅布置主要应考虑住宅夏季防热和组织自然通风、导风入室的要求
在丘陵和山区	住宅布置除考虑与主导风向的关系外，尚应重视因地形变化而产生的地方风对住宅建筑防寒、保温或自然通风的影响

注　见《建筑气候区标准》（GB50178-93）。

老年人住宅及住宅间距的说明

老年人住宅宜靠近相关服务设施和公共绿地。住宅间距应以满足日照要求为基础，综合考虑采光、通风、消防、防灾、视觉卫生等要求确定。

2. 公共服务设施规划

居住区公共服务设施是为满足居民物质和文化生活方面的需要而配套建设的。所配套建设的项目多少、面积大小及空间布局等，决定着居住生活的便利程度和质量。如果不配或少配，会给居民生活带来不便，晚建了也会给居民生活造成困难。衡量居住区公共服务设施配套建设水平的指标，主要是人均公建面积（公共服务设施建筑面积）和人均公建用地面积。但是，如果公共服务设施设置不当，也会不同程度地影响居民正常的居住与生活。

公共服务设施应合理设置，避免烟、气（昧）、尘及噪声对居民的干扰。

3. 道路规划

居住区道路是城市道路的延续，是居住空间和环境的一部分。它既是交通空间，又是生活空间，居住区道路是居住区环境设计的重要组成部分。

（1）居住区内道路的类型

根据功能要求和居住区规模的大小，居住区道路一般可分为三级或四级（表5-4）。

● **居住区内道路规划分级**　　　　　　　　　　　　　　　　　　表5-4

道路等级	功能	具体指标
居住区级道路	居住区的主要道路，用以解决居住区内外交通的联系	道路红线宽度一般为20～30m，车行道宽度9m
居住小区级道路	居住区的次要道路，用以解决居住区内部的交通联系	道路红线宽度一般10～14m，车行道宽度6～9m
住宅组团级道路	居住区内的支路，用以解决住宅组群的内外交通联系	车行道宽度一般为3～5m
宅间小路	通向各户或各单元门前的小路	一般宽度不小于2.6m

此外，在居住区内还可有专供步行的林荫步道，其宽度根据规划设计的要求而定。

（2）道路系统

居住区道路系统的规划设计与居住区内外动、静态交通的组织密切相关，也与居民的出行方式和拥有的私人交通工具密切相关，同时应根据地形、现状条件、住宅特征和规划结

05 粗谈规划

构及景观要求等因素综合考虑。

居住区内动态交通组织可分为"人车分行"的道路系统、"人车混行"的道路系统和"人车共存"的道路系统三种基本形式（表5-5）。

道路系统3种基本形式 表5-5

名称	内容
人车分行的道路系统	这种形式是由车行和步行两套独立的道路系统所组成。这种人车分行的道路系统较好地解决了私人小汽车和人行的矛盾之后，在私人小汽车较多的国家和地区广为采用，并称为"雷德朋系统"
人车混行的道路系统	人车混行是居住区内最常见的居住区交通组织方式，这种方式在私人小汽车数量不多的国家和地区比较适合，特别对一些以自行车和公共交通出行为主的城市更为适用，我国目前大多数城市基本都采用这种方式
人车共存的道路系统	这种道路系统更加强调人性化的设计。认为人车不应是对立的，将交通空间与生活空间作为一整体，使街道重新恢复勃勃生机

（3）道路规划具体要求

居住区内主要道路至少应有两个方向与外围道路相连，以保证居住区与城市有良好的交通联系。居住区内的主要道路，特别是小区（级）路、组团（级）路，既要通顺又要避免外部车辆和行人的穿行。当公共交通线路引入居住区（级）道路时，应合理设置公共交通停靠站，尽量减少交通噪声对居民的干扰；应便于居民汽车的通行，同时保证行人、骑车人的安全便利。道路边缘至建筑物要保持一定距离，以避免一旦楼上掉下物品影响路上行人和车辆的安全等。

（4）静态交通组织

居住区内必须配套设置居民汽车（含通勤车）停车场、停车库，并应符合下列规定：

规定1：居民汽车停车率（居住区内居民汽车的停车位数量与居住户数的比率）不应小于10%。

规定2：居住区内地面停车率（居住区内居民汽车的地面停车位数量与居住户数的比率）不宜超过10%。

规定3：居民停车场、库的布置应方便居民使用，服务半径不宜大于150m。

规定4：居住停车场、库的布置应留有必要的发展余地。

4. 绿地规划

居住区内绿地与居民关系密切，对改善居民生活环境和城市生态环境都具有重要作用，一个优美的居住区内绿化环境，有助于人们消除疲劳、振奋精神，可为居民创造良好的游憩、交往场所。衡量居住区内绿地状况的指标，主要有绿地率和人均公共绿地面积。

绿地率是指居住区用地内各类绿地面积的总和占居住区用地面积的比率（%），其中新区建设不应低于30%，旧区改建不宜低于25%。居住区人均公共绿地面积指标：组团绿地不少于 0.5m²／人，小区绿地（含组团）不少于 1 m²／人，居住区绿地（含小区和组团）不少于 1.5m²／人。

五、居住区规划的性能要求指标

1. 新建住宅交付使用应达到 7 大要求

住宅交付使用应达标的要求如表 5-6。

住宅交付使用达标要求表　　　　　　　　　　　表 5-6

参照物	具体要求
水	生活用水应纳入城市自来水管网，使用地下水必须经城市公用事业管理部门审核达标
电	用电应纳入城市供电网络，不得使用临时电和不规范电。
污水排放	污水的排放应纳入永久性城市排放系统，因客观条件限制一时无法纳入的须拟定经市主管部门审批同意的实施方案，并经环保水利部门同意方可在规定期限内采取临时排放设施
道路	道路与外界交通干道之间必须有直达的道路相连
公交	应按规划要求配公交站

续表

参照物	具体要求
公共设施	小区须按照规划要求配教育、医疗保健、商业网点、环卫、邮电、社区服务和行政管理等公共设施
卫生	周边应做到场地清洁，道路平整，并与施工工地有明显的隔离设施，不影响居民出入并保持环境整洁

2. 住宅性能评定五大指标

住宅性能评定指标如表 5-7 所示。

住宅性能评定五大指标　　　　　　　　　　　　　　　表 5-7

性能指标	名称	内容
适用性能	关键词	卫生间面积不小于 4.5m²
	卫生间	3 个及 3 个以上卧室的户型至少要配置 2 个卫生间。单设一个卫生间时，使用面积不小于 4.5m²；如果设有 2 个及以上的卫生间时，那么这些卫生间的使用面积之和不能小于 8m²
	门、厅	住宅的门厅和候电梯厅应该有自然采光
	楼梯	楼梯段的净宽不小于 1.1m，平台宽不小于 1.2m，踏步宽度不小于 26cm，高度不大于 17.5cm
	窗地面积	房间的窗地面积比不能小于 1：10
	功能区	每套房间内的居住空间、厨房和卫生间等基本空间必须齐备
	日照要求	每套住宅至少有一个居住空间——也就是卧室能够获得日照。当一套房有 4 个以上的居住空间时，其中应该有 2 个或者 2 个以上的卧室能够获得日照
	通风采光要求	起居室（厅）、卧室有自然通风和采光，无明显视线干扰和采光的遮挡
安全性能	关键词	防盗门也要保温
	防盗门	住宅的防盗门最低标准，应该具有防火、防撬、保温等功能
	防滑防跌	厨房、卫生间以及起居室、卧室、书房等地面和通道必须采取防滑防跌措施

续表

性能指标	名称	内容
安全性能	燃器设备	燃气灶应该具有熄火保护自动关闭阀门装置,燃气设备的安装质量必须要验收合格
	消防	室外消防给水系统、消防交通道路要符合国家现行规范的规定
耐久性能	关键词	外墙使用年限不低于15年
	住宅结构	住宅结构的设计使用年限为50年
	装修	外墙装修的设计使用年限不能低于15年,并且应该提出部分装修材料的耐用指标
	门窗	应按照有关规范进行住宅门窗的安装质量验收。对住宅门窗的外观质量要进行现场检查,主要包括门窗没有翘曲、面层无损伤、颜色一致、关闭严密,金属配件没有锈蚀、开启顺畅
环境性能	关键词	绿地率大于等于30%
	污染	远离污染源,避免和有效控制水体、空气、噪声、电磁辐射等污染对居住生活带来的影响。小区的主要道路及公共活动场地都应该要均匀地配置废物箱,每个间距必须小于80m,废物箱要防雨、密闭、整洁、美观,采用耐腐蚀材料制作
	绿地要求	小区的绿地率必须大于等于30%。人均公共绿地面积大于每人$1m^2$。每$100m^2$的绿地面积乔木量要大于等于3株
	噪音要求	小区室外的噪声白天要小于等于60dB,夜晚要小于等于50dB
	公共设施	结合绿地与环境配置、设置在小区内露天体育健身活动场地,设置游泳馆或游泳池。小区内应该要设置老人活动与服务支援设施
经济性能	关键词	空调要节能
	空调	住宅内的空调要采用节能型的空调
	水回收	建筑面积在5万m^2以上的居住小区,应设置可回收水量大于每日$150m^3$的中水设施,或者配置回水利用设施,或者与城市的中水系统连接。小区内要使用雨水回渗措施
	绿地灌溉	小区内的绿地、树木和花卉应该使用滴灌、微喷等节水灌溉方式,不采用大水漫灌的方式

05 粗谈规划

六、规划常用术语及指标

在实际中，经常遇到如表 5-8 所示的城市规划指标或有关名词，在本天的学习中，我们特提炼出来，以便于更好地掌握接下来的内容。

规划术语指标一览表　　　　　　　　　　　　　　　　　　　　表 5-8

指标	内容
用地性质	指规划用地的使用功能
用地面积	指规划地块划定的面积
用地红线	指措经城市规划主管部门批准的建设用地范嗣的界线
容积率	反映和衡量用地使用强度的一项重要指标。是指一定地块内建筑物的总建筑面积与地块面积的比值，即：容积率＝总建筑面积／建筑用地面积。其中，总建筑面积是地上所有建筑面积之和
建筑控制高度	又称建筑限高，是指一定地块内建筑物地面部分最大高度限制值。一般地区，其建筑高度，平顶房屋建筑控制高度按女儿墙高度计算，坡顶房屋按屋檐和屋脊的平均高度计算
建筑密度	指一定地块内所有建筑物的基底总面积与地块面积的比率（％），即：建筑密度＝建筑基底总面积／建筑用地面积
道路红线	指城市道路用地的规划控制线，即城市道瞎用地与两侧建筑用地及其他用地的分界线。一般情况下，道路红线即为建筑红线，任何建筑物（包括台阶、雨罩）不得越过道路红线。根据城市景观的要求，沿街建筑物可以从道路红线外侧退后建设
建筑红线后退距离	指建筑物最外边线后退道路红线的距离
建筑线	一般称建筑控制线，是建筑物基底位置的控制线
绿地率	指城市一定地区内各类绿化用地总面积占该地区总面积的比率
交通出入口方位	指规划地块内允许设置机动车和行人出入口的方向和位置
停车泊位	指地块内应配置的停车位数量

指标	内容
建筑间距	指两栋建筑物外墙之间的水平距离。建筑间距主要是根据所在地区的日照、通风、采光、防止噪声和视线干扰、防火、防震、绿化、管线埋设、建筑布局形式,以及节约用地等要求综合考虑确定。住宅的布置。通常以满足日照要求作为确定建筑间距的主要依据
日照标准	根据各地区的气候条件和居住卫生要求确定的,居住建筑正面向阳房间在规定的日照标准日获得的日照量,是编制居住区规划、确定居住建筑间距的主要依据
日照间距系数	指根据日照标准确定的房屋间距与遮挡房屋檐高的比值
城市绿线	指城市各类绿地范围的控制线。城市要按规定标准确定绿化用地两积,分层次合理布局公共绿地,确定防护绿地、大型公共绿地等的绿线。城市绿线范围内的用地不得改作他用,在城市绿线范围内,不符合规划要求的建筑物、构筑物及其他设施应当限期迁出
人口毛密度	指每公顷居住区用地上容纳的规划人口数量
人口净密度	指每公顷住宅用地上容纳的规划人口数量
城市紫线	指国家历史文化名城内的历史文化街区和省、自治区、直辖市人民政府公布的历史文化街区的保护范围界线,以及历史文化街区外经县级以上人民政府公布保护的历史建筑的保护范围界线

规划经济指标如表 5-9。

规划经济指标列表　　　　　　　　　　　　　　　　表 5-9

名称	计量单位	数值	所占比重（%）	人均面积（m^2/人）
居住区规划总用地	公顷（m^2）	●		
①居住区用的（R）	公顷（m^2）	●	100	●
住宅用地（R01）	公顷（m^2）	●	●	●
公建用地（R02）	公顷（m^2）	●	●	●
道路用地（R03）	公顷（m^2）	●	●	●
公共绿地（R04）	公顷（m^2）	●	●	●
②其他用地	公顷（m^2）	●		
居住户（套）数	户（套）	●		
居住人数	人	●		

续表

名称	计量单位	数值	所占比重（%）	人均面积（m²/人）
户均人数	人/户	●		
总建筑面积	m²	●		
①居住区用地内建筑总面积	m²	●	100	●
住宅建筑面积	m²	●	●	
公建面积	m²	●	●	
②其他建筑面积	m²	○		
住宅平均层数	层	●		
高层住宅比例	%	○		
中高层住宅比例	%	○		
人口毛密度	人/公顷（m²）	●		
人口净密度	人/公顷（m²）	○		
住宅建筑套密度（毛）	套/公顷（m²）	●		
住宅建筑套密度（净）	套/公顷（m²）	●		
住宅建筑面积毛密度	万m²/公顷（m²）	●		
住宅建筑面积净密度	万m²/公顷（m²）	●		
居住区建筑面积毛密度（容积率）	万m²/公顷（m²）	●		
停车率	%	●		
停车位	辆	●		
地面停车率	%	●		
地面停车位	辆	●		
住宅建筑净密度	%	●		
总建筑密度	%	●		
绿地率	%	●		
拆建比		○		

注：●表示必要指标，○表示选用指标

新手知识总结与自我测验
总分：100分

第一题：下面哪个是行列式的建筑形式图？_____（20分）

行列式	围合式	向心式	隐喻式
A	B	C	D

第二题：开窗对以下哪些会产生影响？_____（20分）

A 采光　　　　　　B 通风　　　　　　C 实用率　　　　　　D 朝向

第三题：开间和进深是什么意思？（30分）
_____
_____
_____

思考题：如果让您来规划一个居住区，您会考虑哪些要素的规划？（30分）
_____
_____
_____

得分：　　　　　　　　　　签名：

住宅地产新兵入门 06

初品建筑
建筑及结构设计基础知识

操作程序

一、三种建筑物形式
二、建筑名词术语
三、房屋面积的计算方式

本章使用指南

先进的现代科技与建筑技术,使建筑师天马行空的想象都能化成真实。人们日益扩张的精神需求不断地刺激建筑师的想象潜能,不断地挑战能工巧匠的工艺极限。本章除了要学会分清建筑物的基本形式,还要学会建筑面积计算的3种方式和建筑的归类。

一、三种建筑物形式

1. 建筑形式

（1）塔式

以共用电梯、楼梯为核心布置多套住房的住宅，整个住宅只有一个单元。通俗地说，塔楼以电梯、楼梯为布局核心，上到楼层之后，向四面走可以直接进入户内，如图6-1。

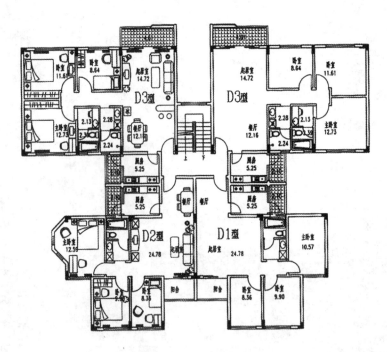

图6-1 塔式平面图

（2）板式

由多个住宅单元组合而成，每单元均设有楼梯、电梯的住宅。但从其外观上看不一定都呈"一"字形，也可以是拐角、围合等形状，如图6-2。

06 初品建筑

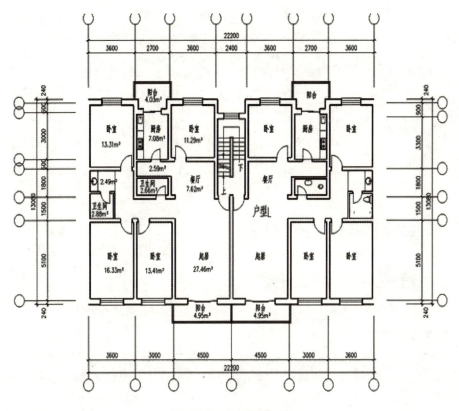

图 6-2 板式平面图

（3）板塔结合

有的塔楼是一梯两户，在楼房拐角处设置塔楼户型，这其实是板楼的缩版，叫做"短板"，这种"短板"应该说是品质最好的。它是板楼，但同时具备塔楼的特点，可以向高层发展。"板中有塔，塔中有板"，这种做法是现在非常好的发展趋向，如图 6-3。

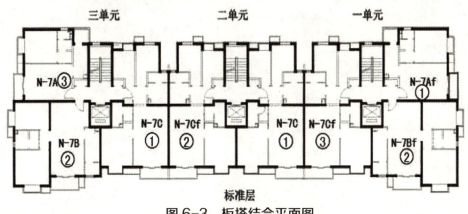

图 6-3 板塔结合平面图

如何区分板楼和塔楼

可以从楼房的平面图区分塔楼和板楼。塔楼的平面图特点是，一层若干户，一般多于四五户共同围绕或者环绕一组公共竖向交通通道形成的楼房平面，平面的长度和宽度大致相同。这种楼房的高度一般12层到35层。塔楼一般是以一梯4户到一梯12户。板楼的平面图上，长度明显大于宽度。板楼有两种类型：一种是长走廊式的，各住户靠长走廊连在一起；第二种是单元式拼接，若干个单元连在一起就拼成一个板楼。其实我们买房时，很容易分出塔楼和板楼，简单地说，塔楼比较高、比较方，板楼比较矮、比较长。

2. 住宅建筑的 4 种分类

（1）按住宅建筑层数分类

一般住宅按照层数可分为低层、多层、中高层、高层四种形式（表6-1）。

● 建筑按层分类表　　　　　　　　　　　　　　　　表 6-1

名称	具体标准
低层	1～3F 的建筑称为低层建筑
多层	4～6F 的建筑称为多层建筑
中高层	7～9F 的建筑称为中高层
高层	10F 及以上的建筑称为高层

（2）按住宅建筑档次分类

一般住宅按照档次可分为普通住宅和别墅两种。

1）普通住宅

在第一章的学习中已经说过，各个国家和地区都对普通住宅有不同的区分标准，主要考核容积率、单套建筑面积、成交价格等。普通住宅和非普通住宅的划分，将会导致房产交易过程税费之间的差别。

2）别墅

别墅一般为满足高收入人群需求，建造的功能完备、装修豪华、配套设施齐全的住宅。

别墅的分类

一般来说，又分为独栋别墅、双拼别墅、联排别墅。独栋别墅：即独立一栋存在的别墅。双拼别墅：两栋连在一起的别墅。联排别墅：多栋连在一起的别墅。

（3）按住宅建筑材料分类

一般住宅按照建筑材料可分砖木、砖混、钢筋混凝土、钢与混凝土组合、钢结构等五种结构的住宅。

1）砖木结构住宅

承重结构是砖墙木制构件，分隔方便，自重轻，工艺简单，材料单一，防火防腐能力差，耐用年限短，在农村及城市旧区普遍存在，但城市不提倡。

2）砖混结构住宅

砖混结构住宅中的"砖"，指的是一种统一尺寸的建筑材料，也有其他尺寸的异型黏土砖，如空心砖等。"混"指的是由钢筋、水泥、砂石、水按一定比例配制的钢筋混凝土配件，包括楼板、过梁、楼梯、阳台、挑檐，这些配件与砖作的承重墙相结合，可以称为砖混结构式住宅。由于抗震的要求，砖混住宅一般在5～6层以下。

3）钢筋混凝土结构住宅

指房屋的主要承重结构如柱、梁、板、楼梯、屋盖用钢筋混凝土制作，墙用砖或其他材料填充。这种结构抗震性能好，整体性强，抗腐蚀耐火能力强，经久耐用，并且房间的开间、进深相对较大，空间分割较自由。目前，多、高层房屋多采用这种结构。其缺点是工艺比较复杂，建筑造价较高。

4）钢结构住宅

指以钢筋混凝土浇捣成承重梁柱，再用预制的加气混凝土、膨胀珍珠岩、浮石、蛭石、陶粒等轻质板材隔墙分户装配而成的住宅。

（4）按住宅建筑结构分类

一般住宅按照建筑结构可分为如表 6-2 七种形式：

各种建筑结构特点　　　　　　　　　　　　　　　　　表 6-2

序号	结构类型名称	常用范围
1	框架结构	20 层以下多、高层建筑
2	全剪力墙结构	高强度结构体系，常用于高层、超高层建筑
3	框架——剪力墙结构	高层建筑
4	框——结构	高层或超高层建筑
5	筒体结构（单/多筒）	超高层建筑
6	框——支结构	钢结构超高层建筑
7	无梁楼盖结构	大空间、大柱网的多层建筑

除上述两种分类方法所列的结构类型外，对于单层大跨度房屋，还有平面结构（门式刚架、薄腹梁结构、桁架结构、拱结构）和空间结构（壳体结构、悬索结构、网架结构）之分。

墙体的类型及其划分如表 6-3。

墙体的类型及其划分　　　　　　　　　　　　　　　　表 6-3

划分方法	墙体名称
按墙所处的位置划分	钱墙、内墙、纵墙、横墙、窗间墙
按墙的厚度划分	三七墙、二四墙、一八墙、一二墙
按墙的功能划分	围护墙、隔墙、女儿墙、围墙
按受力情况划分	承重墙、非承重墙
按所用材料划分	砖墙、石墙、砌块墙、钢筋混凝土墙

06 初品建筑

二、建筑名词术语

1. 建筑体量指标

建筑体量指标及其内涵如表6-4。

● 建筑体量指标　　　　　　　　　　　　　　　　　　　表6-4

指标	内容
建筑间距	两栋住宅间距（外墙皮与外墙皮）与前面（一般指南面）住宅高度的比值
控高	所造建筑之总高度，有规划部门规控
层高	是指下层地板面或楼板面到上层楼板面之间的距离。普通住宅不宜高于2.80m。据测，层高每降低0.1m，造价就降低1%左右。一般来说，层高设计规律是层数越少，层高可相应提高；层数越多，层高可相应压缩
净高	是指下层地板面或楼板上表面到上层楼板下表面之间的距离。净高和层高的关系可以用公式来表示：净高=层高-楼板厚度，即层高和楼板厚度的差叫净高。卧室、起居室（厅）的室内净高不应低于2.40m，局部净高不应低于2.10m，且其面积不应大于室内使用面积的1/3，厨房、卫生间室内净高不应低于2.20m
建筑的长高比	指遮挡阳光的建筑正面长度与高度的比例
建筑间距系数	指遮挡阳光的建筑与被遮挡阳光的建筑的间距为遮挡阳光的建筑高度的倍数。当单栋塔楼居住建筑在两侧无其他遮挡阳光的建筑（含规划建筑）时，与其他居住建筑系数不得小于1.0
开间	房屋内一面墙皮到另一面墙皮之间的实际距离。因为是就一自然间的宽度而言的，故又称开间。住宅开间一般不超过3.0～3.9m，砖混结构住宅开间一般不超过3.3m。规定较小的开间尺度，可缩短楼板的空间跨度，增强住宅结构整体性、稳定性和抗震性
进深	一间独立的房屋或一幢居住建筑从前墙皮到后墙皮之间的实际长度。根据有关规定，住宅的进深常采用下列参数：3.0m、3.3m、3.6m、3.9m、4.2m、4.5m、4.8m、5.1m、5.4m、5.7m、6.0m

开间与使用面积的关系

开间 5m 以上、进深 7m 以上的大开间住宅可为住户提供一个 40~50m² 甚至更大的居住空间，与同样建筑面积的小开间住宅相比，承重墙减少一半，使用面积增加 2%，便于灵活隔断、装修改造。

2. 建筑结构术语

建筑结构指标及其内涵，如表 6-5。

🌐 建筑结构术语　　　　　　　　　　　　　　　　　　　　　　表 6-5

指标	内容
地基	建筑物下面支承基础的地层（天然地基、人工地基）
基础	建筑物地面以下的承重部分（柔性基础、刚性基础）
承重墙	支撑着上部楼层重量的墙体，在工程图上为黑色墙体，打掉会破坏整个建筑结构
非承重墙	指不支撑着上部楼层重量的墙体，只起到把一个房间和另一个房间隔开的作用，在工程图上为中空墙体，对建筑结构没有大的影响
山墙	房屋两端侧面的墙
檐墙	与屋檐平行的两侧外墙
女儿墙	把建筑屋顶的外墙升高，使建筑物的立面造型新颖、别致，向女孩子一样美丽，人们把这部分伸出屋面的外墙称为女儿墙。女儿墙不但丰富了建筑立面造型，也是屋面的外围防护结构，保证了屋面上人维修时的安全
过梁	门、窗洞口上方的支撑结构（水泥过梁、钢筋过梁）
圈墙	沿房屋外墙水平轴向周围设置的连续封闭或梁
勒脚	室外地面以上的一小段房屋外墙。勒脚由于这个部位的墙体经常遭受雨雪的浸溅和地下水沿基础上升而使墙面潮湿、冻融破坏，因此要求使用耐水性较好的材料砌筑，或用水泥砂浆抹面来保护
散水	指沿外墙四周与勒脚相接的地面部分
墙裙	位于室内墙或柱面的下部，常用水磨石、大理石、木材、塑料贴纸或油漆等材料做成，借以保护墙面，并起装饰作用，一般高 1~1.8m
踢脚线	指沿室内地面边缘的墙面上 10~15cm 处高的特殊装修

续表

指标	内容
沉降缝	同一建筑物高低相差悬殊，上层荷载不均匀或建在不同地基土壤上时，为避免不均匀的沉降使墙体或其他结构部分开裂而设置的建筑构造缝
伸缩缝	为防止建筑物构件由于气温变化使结构产生裂缝或破坏而沿房屋长度方向的适度部位竖向设置的一条构造缝
中线	指墙中间的一条线，到两个墙表面的距离都一样
预置板	预先按照尺寸统一制作的楼板，到时候再直接铺上去，这样可以使施工速度加快、造价低，但整体抗震性和抗渗性较差，厨、卫一定不能用
现浇板	在施工现场直接用水泥浇铸的楼板
露台	住宅中的屋顶平台或由于建筑结构需求而在其他楼层中做出大阳台，由于它面积一般均较大，上边又没有屋顶，所以称作露台
剪力墙	承受房屋重力的墙，不可任意敲打，若要敲打需申请
消防电梯	专门用于消防灭火的电梯，有抽烟、排风的电梯

3. 建筑技术术语

（1）外墙保温

保温层是建筑外墙体的一个重要组成部分。施工做法上分为外墙内保和外墙外保两个部分。它的主要功能是减少冬季外墙体向外散热，夏季能阻隔部分热量进入。

采用内保温技术的住宅，因为保温层贴在墙体内侧，在家庭装修过程中，保温板经常会被破坏，有些住户甚至把保温材料全部敲掉。这样会导致如下两方面的问题：

一是影响保温效果，住户自己冬天会被冻着，从住宅节能角度也是热能的巨大浪费；

二是不安全，因为装修时，用户经常会在墙体上埋设一些挂件。外保温，保温层做在墙体外侧，就可以避免这种破坏。有利于家庭装修。目前很多楼盘都采用了这种技术。

从保温效果上看，外保温、内保温的保温效果差异有限，在面积计算方面，按新的《面积分摊办法》，两种保温方式对计算结果都没有影响。但采用内保温技术时，保温层过厚就会占用过多的室内空间，所以厚度最多50mm；而外保温则灵活得很，甚至可以做到60mm的厚度。保温层当然是越厚效果越好。

建筑保温的两种类型

建筑保温有两种：一是内保温技术，一是外保温技术。二者所采用的主要材料都是聚苯保温板、玻璃纤维棉等。

主要差别是：外保温技术的保温材料贴在墙体外侧，如果您在室内敲击墙体，则是直接敲在了钢筋混凝土墙体上；如果是采用内保温技术的住宅，保温材料贴在钢筋混凝土墙体的内侧，如果您在室内敲击墙体，会发出嘭嘭声，很响亮，因为您是直接敲击在了聚苯板上，即泡沫塑料板上。

（2）中空玻璃

目前越来越多的商品房采用塑钢窗内镶中空玻璃，中空玻璃是对传统单玻门窗的革新，是现代门窗生产中的一项新的玻璃加工技术，它由两层甚至更多的玻璃密封组合，但最重要的是两层玻璃之间必须形成真空或气体（如加入惰性气体）状态，故称"中空玻璃"。这种技术的运用使门窗的隔声、阻热、密封、安全性能都大大提高。

（3）外飘窗

指房屋窗子呈矩形或梯形向室外凸起，窗子三面为玻璃，从而使人们拥有更广阔的视野，更大限度地感受自然、亲近自然，通常它的窗台较低甚至为落地窗。

（4）吊顶

房间或室内走廊做吊顶，最初是为了隐藏各种管线和控制房间净高。随着吊顶材料的多样化，吊顶的作用也有所增加，比如隔声、保温、隔热等。从装饰角度讲，吊顶作为房间其中的一个面，可以通过改变高度和造型为房间分区，还可以改变常规的悬挂式照明方式，做出反光灯槽嵌入光源，再配以各种线脚，加强房间顶棚的装饰效果。

（5）挂式燃气采暖炉

一种全新的采暖供热方式，由传统的集中供暖改为一家一户的自成体系、自主调节。从社区环境上看，它以绿色、环保、节能的特点，是对传统集中供暖方式的一次革命。

挂式燃气采暖炉使用方法

壁挂式采暖炉采用普通天然气加热，点火方式一般为电子脉冲，内有两套系统，既可提供采暖，又能提供生活热水。

4. 室内装饰设计术语

室内装饰指标及其内涵如表6-6。

● 室内装饰设计术语　　　　　　　　　　　　　　　　　　　　　表 6-6

指标	内容
玄关	玄关就是登堂入室第一步所在的位置，它是一个缓冲过渡的地段。居室是家庭的"领地"，讲究一定的私密性，大门一开，有玄关阻隔，外人对室内就不能一览无余
隔断	专门作为分隔室内空间的、不到顶的半截立面
过道	指住宅套内使用的水平交通空间
卧室	供居住者睡眠、休息的空间
起居室（厅）	供居住者会客、娱乐、团聚等活动的空间。在有的户型里又分为家庭活动室（家人或关系亲近的人聚会场所）和客厅（客人或关系一般的人会见场所）
厨房	供居住者进行炊事活动的空间
卫生间	供居住者进行便溺、洗浴、盥洗等活动的空间
阳台	供居住者进行室外活动、晾晒衣物等的空间
平台	楼房建筑体中没有上盖并高于层外地面之平面结构为平台。平台可供住户纳凉、休憩、晾衣物等活动之用
吊柜	住宅套内上部的贮藏空间
壁柜	住宅套内与墙壁结合而成的落地贮藏空间
步入式衣柜	衣柜底部与房间地面平行，人能直接走进去挂取衣物的专用衣服放置空间，一般为主卧室服务
走廊	住宅套外使用的水平交通空间
地下室	房间地面低于室外地平面的高度超过该房间净高的1／2的空间
半地下室	房间地面低于室外地平面的高度超过该房间净高的1／3，且不超过1／2者
绿色装饰	在居室内设计具有调节人们心绪和观赏价值的植物，又称绿色设计。其特点是通过天然植物的视觉美感，达到宜于人的身心健康、增添人的审美情趣的目的
软装潢	可以移动的装饰称软装潢，包括：窗帘、沙发、壁挂、灯具、工艺品等，他们的大小规格、色彩造型、放置位置等均应与设计并行考虑，以保证协调美观
卫浴三大件	洗盆、浴盆、坐式马桶
厨房五大件	洗刷池、吊柜、炉台、料理台、抽油烟机

三、房屋面积的计算方式

1. 房屋面积的种类及概念

（1）建筑面积

建筑面积亦称建筑展开面积，是指建筑物外墙外围所围成空间的水平面积，包括阳台、挑廊、地下室、室外楼梯等，且具备上盖，结构牢固，层高2.20m以上（含2.20m）的永久性建筑。它是表示一个建筑物建筑规模大小的经济指标。

多、高层住宅建筑面积的计算

多、高层住宅楼的建筑面积，则是各层建筑面积之和。不难看出对于一幢住宅楼来说，住宅的建筑面积＝居住面积＋辅助面积＋结构面积，也可表示为：住宅的建筑面积＝使用面积＋结构面积。当然住宅的公共面积包含在住宅建筑面积之中，是由部分辅助面积和部分结构面积构成。

（2）套内建筑面积

房屋按套（单元）计算的建筑面积为套（单元）门内范围的建筑面积，包括套（单元）内的使用面积、墙体面积及阳台面积。

（3）结构面积

指建筑物各层中外墙、内墙、间壁墙、垃圾道、通风道、烟囱（均包括管道面积）等所占面积的总和。

（4）竣工面积

竣工面积是指竣工的各幢房屋建筑面积之和。房屋建筑的竣工应是按照设计要求全部完工，经验收合格的建筑。竣工面积有时与预售面积不一致，原因可能有：变更了设计，施工误差或错误，施工放样误差过大，房屋竣工后原属于应分摊的共有建筑面积的功能或服务范围有改变，测量误差等。

（5）辅助面积

辅助面积是指住宅建筑各层中不直接供住户生活的室内净面积。包括过道、厨房、卫生间、厕所、起居室、贮藏室等。

（6）共有建筑面积分摊系数

整幢建筑物的共有建筑面积与整幢建筑物的各套套内建筑面积之和的比值，即为共有建筑面积分摊系数。

（7）使用面积

住宅的使用面积，指住宅各层平面中直接供住户生活使用的净面积之和。计算住宅使用面积，可以比较直观地反应住宅的使用状况，但在住宅买卖中一般不采用使用面积来计算价格。

使用面积特殊规定

跃层式住宅中的户内楼梯按自然层数的面积总和计入使用面积；不包含在结构面积内的烟囱、通风道、管道井均计入使用面积；内墙面装修厚度计入使用面积。计算住宅租金，都是按使用面积计算。

（8）公用面积

住宅的公用面积是指住宅楼内为住户出入方便、正常交往、保障生活所设置的公共走廊、楼梯、电梯间、水箱间等所占面积的总和。开发商在出售商品房时计算的建筑面积存在公共面积的分摊问题。

（9）实用面积

它是"建筑面积"扣除公共分摊面积后的余额。

（10）居住面积

住宅的居住面积是指住宅建筑各层平面中直接供住户生活使用的居室净面积之和。所谓净面积就是要除去墙、柱等建筑构件所占有的水平面积（即结构面积）。一般作为衡量居住水平的面积指标。

（11）计租面积

作为计算房租的面积。在住房制度改革中，作出统一规定，住宅用房按使用面积计算，包括居室、客厅、卫生间、厨房、过道、楼梯、阳台（闭合式按一半计算）、壁橱等。非住宅用房按建筑面积计算。

（12）销售面积

销售面积是指商品房按"套"或"单元"出售，其销售面积为购房者所购买的套内或单元内建筑面积（以下简称套内建筑面积）与应分摊的共有建筑面积之和。即：商品房销售面积＝套内建筑面积＋分摊的公用建筑面积。

2. 建筑面积、实用面积、使用面积的区别

建筑面积包括了公共分摊面积和实得建筑面积的，即建筑面积包含了房屋居住的可用面积、墙体柱体占地面积、楼梯走道面积、其他公摊面积等。

实得建筑面积就是人们俗称的实用面积，它是建筑面积扣除公共分摊面积后的余额。

业主直接可利用的面积称为使用面积，俗称地砖面积，它是在实用面积的基础上扣除了柱体、墙体等占用空间的建筑物后的一个内容空间的概念。

建筑面积、实用面积、使用面积三者的构成对比如图6-4。

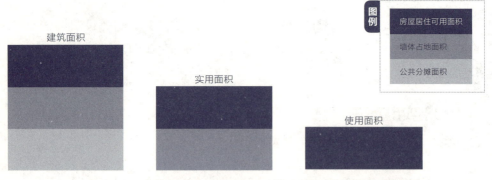

图6-4　建筑面积、实用面积、使用面积的构成与对比

3. 房屋面积测算的一般规定

规定1：房屋面积测算是指水平投影面积测算；

规定2：房屋面积测量的精度必须达到《房产测量规范》规定的房产面积的精度要求；

规定3：房屋面积测算必须独立测算两次，其校差应在规定的限差以内，取平均数作为

最后结果;

  规定 4:量距应使用经检定合格的卷尺或其他能达到相应精度的仪器和工具;

  规定 5:边长以米为单位,取至 0.01m;面积以平方米为单位,取至 0.01m²。

4. 房屋建筑面积的测算

(1)计算建筑面积的一般规定

  规定 1:计算建筑面积的房屋,应是永久性结构的房屋;

  规定 2:计算建筑面积的房屋,层高(高度)应在 2.20m 以上;

  规定 3:同一房屋如果结构、层数不相同时,应分别计算建筑面积;

  规定 4:穿过房屋的通道,房屋内的门厅、大厅,均按一层计算面积。

(2)计算全部建筑面积的范围(表 6-7)

计算全部建筑面积的范围　　　　　　　　　　　　　　　　表 6-7

类型	计算范围
水平投影面积	1. 门厅、大厅内的回廊部分,层高在 2.20m 以上的; 2. 属永久性结构有上盖的室外楼梯按各层水平投影面积计算
外围水平投影面积	1. 玻璃幕墙等作为房屋外墙的; 2. 依坡地建筑的房屋,利用吊脚做架空层,有围护结构的,按其高度在 20 米以上部位的外围水平投影面积计算; 3. 层高在 2.20m 以上的楼梯间、水箱间、电梯机房及斜面结构屋顶高度在 2.20m 以上的部位,按其外围水平投影面积计算; 4. 地下室、半地下室及其相应出入口,层高在 2.20m 以上的,按其外墙(不包括采光井、防潮层及保护墙)外围水平投影面积计算; 5. 有柱(不含独立柱、单排柱)或有围护结构的门廊、门斗,按其柱或围护结构的外围水平投影面积计算; 6. 房屋间永久性的、封闭的架空通廊,按外围水平投影面积计算
其他建筑面积	1. 单层房屋,按一层计算建筑面积,二层以上(含二层,下同)的房屋,按各层建筑面积的总和计算建筑面积; 2. 房屋内的夹层、插层、技术层及其楼梯间、电梯间等高度在 2.20m 以上的部位计算建筑面积; 3. 楼梯间、电梯(观光梯)井、提物井、垃圾道、管道井等均按房屋自然层计算面积; 4. 有伸缩缝的房屋,如果其与室内相通的,伸缩缝计算建筑面积

（3）计算一半建筑面积的范围

第一，与房屋相连有上盖无柱的走廊、槽廊，按其围护结构外围水平投影面积的一半计算；

第二，独立柱、单排柱的门廊、车棚、货棚等属永久性建筑的，按其上盖水平投影面积的一半计算；

第三，未封闭的阳台、挑廊，按其围护结构外围水平投影面积的一半计算；

第四，无顶盖的室外楼梯按各层水平投影面积的一半计算；

第五，有顶盖不封闭的永久性的架空通廊，按外围水平投影面积的一半计算。

（4）不计算建筑面积的范围

第一，层高在2.20m以下（不含2.20m，下同）的夹层、插层、技术层和层高在2.20m以下的地下室和半地下室；

第二，突出房屋墙面的构件、配件、装饰柱、装饰性的玻璃幕墙、垛、勒脚、台阶、无柱雨篷等；

第三，房屋之间无上盖的架空通廊；

第四，房屋的天面、挑台、天面上的花园、泳池；

第五，建筑物内的操作平台、上料平台及利用建筑物的空间安置箱、罐的平台；

第六，骑楼、骑街楼的底层用作道路街巷通行的部分；

第七，利用引桥、高架路、高架桥、路面作为顶盖建造的房屋；

第八，活动房屋、临时房屋、简易房屋；

第九，独立烟囱、亭、塔、罐、池、地下人防干、支线；

第十，与房屋室内不相通的房屋间的伸缩缝。

（5）8种特殊情况下计算建筑面积的规定

规定1：同一楼层外墙，既有主墙，又有玻璃幕墙的，以主墙为准计算建筑面积，墙厚按主墙体厚度计算。各楼层墙体厚度不相同时，分层分别计算。金属幕墙及其他材料幕墙，参照玻璃幕墙的有关规定处理。

规定2：房屋屋顶为斜面结构（坡屋顶）的，层高（高度）2.20m以上的部位计算建筑面积。全封闭阳台、有柱挑廊、有顶盖封闭的架空通廊的外围水平投影超过其底板外沿的，以底板水平投影计算建筑面积。未封闭的阳台、无柱挑廊、有顶盖未封闭的架空通廊的外围水平投影超过其底板外沿的，以底板水平投影的一半计算建筑面积。

规定3：与室内任意一边相通，具备房屋的一般条件，并能正常利用的伸缩缝、沉降缝应计算建筑面积。

规定4：对倾斜、弧状等非垂直墙体的房屋，层高(高度)2.20m以上的部位计算建筑面积。房屋墙体向外倾斜、超出底板外沿的，以底板水平投影计算建筑面积。

规定5：楼梯已计算建筑面积的，其下方空间不论是否利用均不再计算建筑面积。

规定6：临街楼房、挑廊下的底层作为公共道路街巷通行的，不论其是否有柱、是否有维护结构，均不计算建筑面积。

规定7：与室内不相通的类似于阳台、挑廊、檐廊的建筑，不计算建筑面积。

规定8：室外楼梯的建筑面积，按其在各楼层水平投影面积之和计算。

（6）3种特定面积的计算

1）面积缩涨水问题

通常称面积误差为"房屋缩涨水"，有些是交房时的房屋建筑面积与商品房预售、销售合同中约定的建筑面积不符，有些是套内使用面积与约定的不符。套内建筑面积是套内使用面积、套内墙体面积、套内阳台建筑面积之和。而其中任何一个面积组成部分出现误差，都称为面积误差，都会给购房者带来损失。

购房面积超出约定，如何结算？
关于误差的确定，一般是正负3%或正负2%；如果超过约定的幅度，一般采取3种方式处理。这3种方式中前两种方式是格式合同，购房可以选择其一。如果购房者对前两种解决方式不满意，也可以另行约定。第三种即是购房者与开发商协商签署。

2）跃层及复式面积如何计算层，复式面积如何计算

跃层住宅如果是完整的两层，其建筑面积或使用面积均应是两层的建筑面积或使用面积相加之和。如果跃层部分的高度不够一个完整的层高，可以参照北京市城乡规划委员会和城乡建设委员会1997年颁发的《北京市计算住宅使用面积的规定》进行计算，其中明确指出了坡屋顶使用面积的计算标准：利用坡屋顶作为使用房间时，除必要的卫生条件（盥洗、便溺、采光、通风）外，还应同时具备以下两个条件，计入使用面积：

条件1：使用房间的净高度最低处不应低于1.5m（含）；

条件2：使用房间净面积的一半（含）以上不低于2.1m（含）。

满足上述条件的房间其净面积可全部计入使用面积。若房间超过2.1m（含）部分不足房间总面积的一半，则按超过2.1m（含）部分净面积的2倍计入使用面积。复式住宅的面积计算也参照同一标准。如果夹层面积部分满足上述条件，应计入使用面积。

复式住宅实际上并不具备完整的两层空间，夹层在底层的投影面积只占底层面积的一部分。夹层可以做成房间，也可以做成跑马廊形式，和底层之间有视线上的交流和空间上的流通。而跃层住宅的上下两层之间完全由楼板分离，只通过楼梯联系，和复式住宅的空间是两种不同的类型。

5. 套内房屋建筑面积的测算规定

（1）成套房屋建筑面积

1）成套房屋建筑面积的表现形式

对于整幢为单一产权人的房屋，房屋建筑面积的测算一般以幢为单位进行。随着同一幢房屋内产权出现多元化及功能出现多样化，如多层、高层住宅楼中每户居民各拥有其中一套，除单一功能的住宅楼外还有商住楼、综合楼等，从而还需要房屋建筑面积测算分层、分单元、分户进行，由此产生了分幢建筑面积、分层建筑面积、分单元建筑面积和分户建筑面积等概念。分层建筑面积的总和，分单元建筑面积的总和，分户建筑面积的总和，均等于分幢建筑面积。成套房屋建筑面积通常是指分户建筑面积。

何谓分幢建筑面积、分层建筑面积、分单元建筑面积、分户建筑面积

分幢建筑面积是指以整幢房屋为单位的建筑面积。
分层建筑面积是指以房屋某层或某几层为单位的建筑面积。
分单元建筑面积是指以房屋某梯或某几个套间为单位的建筑面积。
分户建筑面积是指以一个套间为单位的建筑面积。

2）成套房屋建筑面积的组成

成套房屋的建筑面积由套内建筑面积和分摊的共有建筑面积组成。

建筑面积＝套内建筑面积＋分摊的共有建筑面积。

成套房屋的套内建筑面积由套内房屋使用面积、套内墙体面积、套内阳台建筑面积三部分组成。

套内建筑面积＝套内房屋使用面积＋套内墙体面积＋套内阳台建筑面积。

（2）套内房屋使用面积的计算

住宅按《住宅建筑设计规范》（GBJ96 – 86）规定的方法计算；其他建筑按照专用建筑设计规范规定的方法或参照《住宅建筑设计规范》计算。套内房屋使用面积为套内房屋

06 初品建筑

使用空间的面积,以水平投影面积按以下规定计算:

1)套内使用面积为套内卧室、起居室、过厅、过道、厨房、卫生间、厕所、贮藏室、壁柜等空间面积的总和。

2)套内楼梯按自然层数的面积总和计入使用面积。

3)不包括在结构面积内的套内烟囱、通风道、管道井均计入使用面积。

4)内墙面装饰厚度计入使用面积。

(3)套内墙体面积的计算

商品房套内使用空间周围的维护或承重墙体,分共用墙及非共用墙两种:共用墙包括各套之间的分隔墙、套与公用建筑空间投影面积的分隔墙以及外墙(包括山墙),共用墙墙体水平投影面积的一半计入套内墙体面积;非共用墙墙体水平投影面积全部计入套内墙体面积。

(4)套内阳台建筑面积的计算

套内阳台建筑面积均按阳台外围与房屋外墙之间的水平投影面积计算。其中,封闭的阳台按水平投影全部计算建筑面积,未封闭的阳台按水平投影的一半计算建筑面积。

(5)分摊的共有建筑面积的计算

1)共有建筑面积的类型

根据房屋共有建筑面积的不同使用功能(如住宅、商业、办公等),应分摊的共有建筑面积分为幢共有建筑面积、功能共有建筑面积、本层共有建筑面积三大类。

何谓幢共有建筑面积、功能共有建筑面积、本层共有建筑面积

幢共有建筑面积是指为整幢服务的共有建筑面积,如为整幢服务的配电房、水泵房等。

功能共有建筑面积是指专为某一使用功能服务的共有建筑面积,如专为某一使用功能(如商业)服务的电梯、楼梯间、大堂等。

本层共有建筑面积是指专为本层服务的共有建筑面积,如本层的共有走廊等。

2)共有建筑面积的内容

建在幢内或幢外与本幢相连,为多幢服务的设备、管理用房,以及建在幢外与本幢不相连,为本幢或多幢服务的设备、管理用房均作为不应分摊的共有建筑面积。

整幢房屋的建筑面积扣除整幢房屋各套套内建筑面积之和,并扣除已作为独立使用的地下室、车棚、车库、为多幢服务的警卫室、管理用房、人防工程等建筑面积,即为整幢房屋的共有建筑面积。

共有建筑面积的内容包括:作为公共使用的电梯井、管道井、楼梯间、垃圾道、变电室、设备间、公共门厅、过道、地下室、值班警卫室等,以及为整幢服务的公共用房和管理用房的建筑面积,以水平投影面积计算;套与公共建筑之间的分隔墙,以及外墙(包括山墙)水平投影面积一半的建筑面积。

不计入共有建筑面积的内容

独立使用的地下室、车棚、车库;作为人防工程的地下室、避难室(层);用作公共休憩、绿化等场所的架空层;为建筑造型而建、但无实用功能的建筑面积。

3)共有建筑面积的分摊原则

产权各方有合法产权分割文件或协议的,按其文件或协议规定进行分摊。无产权分割文件或协议的,根据房屋共有建筑面积的不同使用功能,按相关房屋的建筑面积比例进行分摊。

4)共有建筑面积的计算公式

按套内建筑面积比例进行分摊,各套应分摊的共有建筑面积的计算公式如下:

各套应分摊的共有建筑面积=共有建筑面积的分摊系数×参加共有建筑面积分摊的各套内建筑面积=(应分摊的共有建筑面积/参加共有建筑面积分摊的各套内建筑面积之和)×参加共有建筑面积分摊的各套内建筑面积。

5)共有建筑面积的分摊方法

将房屋分为单一住宅功能的住宅楼,商业与住宅两种功能的商住楼,商业、办公等多种功能的综合楼三种类型,分别说明其共有建筑面积分摊的方法如图6-5:

06 初品建筑

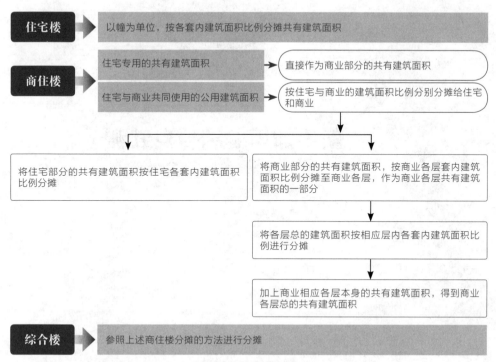

图 6-5 共有建筑面积的分摊方法

（6）销售面积的具体计算方式（表 6-8）

● 销售面积的具体计算方式　　　　　　　　　　　　　　　表 6-8

销售面积类型	计算方式
公用建筑面积计算公式	公用建筑面积＝整栋建筑的面积－各套套内建筑面积之和－已作为独立使用空间租、售的地下室、车棚、人防工程地下室面积
分摊的公用建筑面积计算公式	分摊的公用建筑面积＝各套套内建筑面积 × 公用建筑面积分摊系数
公用建筑面积分摊系数	整幢建筑物的公用建筑面积除以整幢建筑物各套内建筑面积之和
套内使用面积	套内使用面积等于套内各功能空间使用面积之和
套型阳台面积	套型阳台面积等于套内各阳台结构底板投影净面积之和

新手知识总结与自我测验

总分：100 分

第一题：承重墙能否拆除？为什么？（20 分）

_____

_____

_____

第二题：4~6F 以下的建筑称为？_____（20 分）

A 低层　　　　　B 多层　　　　　C 中高层　　　　　D 高层

第三题：下列哪些面积包含于住宅建筑面积？_____（30 分）

A 墙体面积　　　　　B 实用面积　　　　　C 分摊公共面积

思考题：您觉得板式楼和塔式楼的主要区别是什么？（30 分）

_____

_____

_____

得分：　　　　　　　　　　签名：

住宅地产新兵入门 07

看懂施工图
建筑施工图的学问

操作程序

一、建筑施工图中的基本知识
二、施工图里面的建筑学问
三、建筑施工图反映的具体实物

本章使用指南

建筑识图是房地产入门的实操技术。一个通过CAD制作的图纸，总是精妙绝伦，但是每个图纸的细微差别将代表不同建筑的实体差距，也将带来不同的建筑用途。一个建筑在建筑师的设计下赫然纸上，我们这些新手尝试分析和鉴别不仅可以开拓思路、提高空间想象力，还能具体地了解建筑的功能设计背景和合理性。

一、建筑施工图中的基本知识

1. 施工图中常见的术语及符号

（1）图纸原理

建筑图是用正投影原理绘制出来的。用立面图及屋顶平面图表示建筑的外部，用平面图及剖面图表示其内部，用大样图表示细部做法。

（2）比例尺

比例"1∶100"表示图纸上的一个单位长度相当于实际上的一百个单位长度，即：图纸上的1cm相当于实际上的1m。建筑物是庞大复杂的形体，施工图一般采用缩小的比例尺绘制，但对局部节点通常用较小比例尺将其内部构造详细绘制出来。

图纸输出的比例问题

图纸应按比例出，否则的话，图纸上的1cm并不相当于实际上的1m。如：图纸缩放复印后，实际上比例已发生变化，这在平时工作过程中应引起注意。

（3）尺寸及单位

施工图中均标注有尺寸，一般应在图形的下方和左方标注相互平行的三道尺寸。最外面的一道尺寸是外包尺寸，表示建筑物的总长和总宽；中间一道尺寸是轴线之间的距离，是房间的"开间"和"进深"尺寸；最里面的一道尺寸是门窗洞口的宽度和洞间墙的尺寸。

尺寸标注包括尺寸界线、尺寸线、尺寸起止符号和尺寸数字。图样上的尺寸均以尺寸数字为准，不得从图上直接量取。尺寸单位除标高及总平面以米（m）为单位外，其他均以毫米（mm）为单位。为了图面清晰，尺寸数字后一般不写单位（图7-1）。

07 看懂施工图

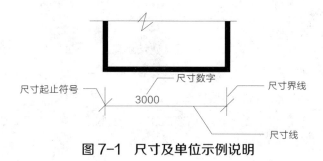

图 7-1 尺寸及单位示例说明

（4）定位轴线

定位轴线是指确定各主要承重构件相对位置的基准线。在施工图中通常将建筑物的基础、墙体、柱、梁和屋架等主要承重构件的轴线画出，并进行编号，以便于施工时定位放线和查阅图纸。

 **次要承重构件的轴线画法**

提示：次要的承重构件等，一般不画轴线，而是注明他们与附近轴线的相关尺寸以确定其位置，但有时也可用分轴线确定其位置。

定位轴线在施工图中是用细点画线绘制，在其端部用细实线画有圆圈，圆圈内的数字或字母为定位轴线的编号。横向编号是用阿拉伯数字从左至右顺序编写，竖向编号是用大写拉丁字母（但 L、O、Z 不用，以免与阿拉伯数字 1、0、2 混淆）从下至上顺序编写。

在两个轴线之间，需附加分轴线时，则编号用分数表示。分母表示前一轴线的编号，分子则表示分轴线本身的编号，用阿拉伯数字顺序编写。1 号轴线或 A 号轴线之前附加的轴线的分母应以 01 或 0A 表示（图 7-2）。

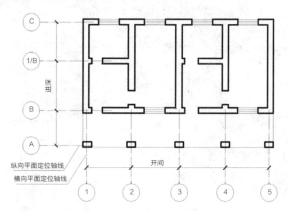

图 7-2 定位轴线示例

（5）标高

标高有绝对标高和相对标高两种，是标注建筑物高度的一种形式。标高是用标高符号表示的建筑物某一部位的高度。标高符号用"△"表示，为一直角等腰三角形，其中总平面图室外地坪标高符号是用涂黑的直角等腰三角形表示。标高符号的尖端指至被注高度的位置。尖端一般向下，也可向上。标高数字注写在标高符号的左侧或右侧。（图7-3）

1）绝对标高

我国把青岛附近的某处黄海的平均海平面定为绝对标高的零点。如图7-3中23.1m即表示室外地面绝对标高为23.1m。

2）相对标高

施工图纸中的标高若全用绝对标高，不容易反映各部分的高差。除总平面图外，一般都采用相对标高，即把底层主要地面标高定为相对标高的零点（俗称"正负零零"），并在总说明中说明绝对标高和相对标高的关系。

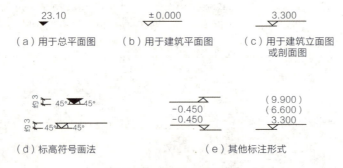

图7-3 标高表现形式

（6）道路红线

城市道路含居住区级道路用地的规划控制线。

（7）建筑线

一般称建筑控制线，是建筑物基底位置的控制线。

（8）日照间距系数

根据日照标准确定的房屋间距与遮挡房屋标高的比值。

（9）主要图例

在建筑总平面中，用粗实线画出的图形，是新建房屋的底层平面轮廓（底层轮廓向大地的投影)。用中实线画出的图形,是原有房屋的底层平面轮廓。但是,由于建筑平面图一般采用较小的比例,所以建筑材料和门窗等建筑配件及烟道、通风道等用规定的图例表示,并注明相应的代号及编号。

这里需要我们牢记的是:门的代号为 M,窗的代号为 C。

图 7-4 是建筑材料主要图例示例。

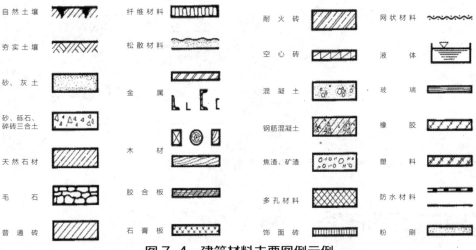

图 7-4 建筑材料主要图例示例

(10)风玫瑰图

风玫瑰图是以玫瑰花形式表示各方向上气流状况重复率的统计图形。所用的资料可以是一月内或一年内的,但通常采用一个地区多年的平均统计资料,其类型一般有风向玫瑰图和风速玫瑰图。风向玫瑰图又称风频图,是将风向分为 8 个或 16 个方位,在各方向上按各方向风的出现频率,截取相应长度,将相邻方向线上的截点用直线连接的闭合折现图形。如图 7-5 所示,该地区最大风频的风向为北风,约为 20%(每一间隔代表风向频率 5%);中心圆圈的数字代表静风的频率。

图 7-5 风玫瑰图

(11)指北针

可指明楼体、具体单元坐落的朝向(图 7-6)。

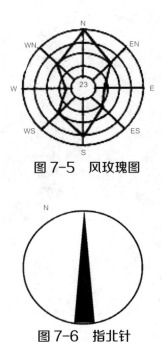

图 7-6 指北针

（12）索引与详图符号

用于建筑构造复杂、细小等部位的标注（图7-7）。

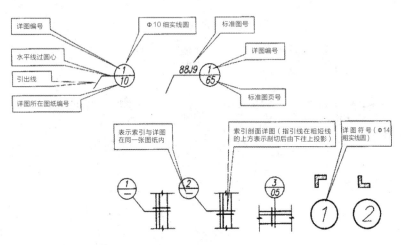

图7-7　索引与详图符号

2. 施工图的产生

（1）建筑物的组成

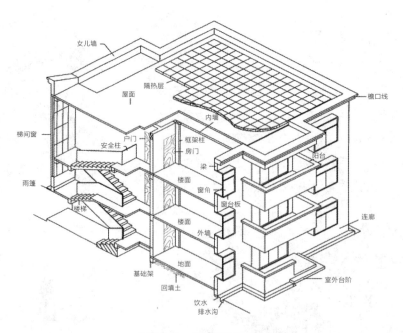

图7-8　建筑物的组成

07 看懂施工图

建筑物通常是由若干个大小不等的室内空间组合而成的，这些室内空间借助一片片实体围合而成。这些实体被称为建筑构件，如基础、墙体、柱等，是竖向建筑构件，楼地面、梁、屋顶是水平建筑构件。一栋建筑物一般由基础、墙、柱、楼板层和地层、楼梯、屋顶和门窗等6大部分组成（图7-8）。

（2）施工图的产生

房屋的建造一般需经过设计和施工两个过程，而设计工作一般又分为两个阶段，即初步设计阶段和施工图设计阶段。

1）初步设计阶段

主要任务：根据建设单位提出的设计任务和要求，进行调查研究、搜集资料，提出设计方案。

内容包括：简略的总平面布置图及房屋的平、立、剖面图；设计方案的技术经济指标；设计概算和设计说明等。

2）施工图设计阶段

主要任务：满足工程施工各项具体技术要求，提供一切准确可靠的施工依据。

内容包括：指导工程施工的所有专业施工图、详图、说明书、计算书及整个工程的施工预算书等。

对于大型的、技术复杂的工程项目也有采用三个设计阶段的，即在初步设计基础上，增加一个技术设计阶段。

（3）施工图鉴赏

建筑施工图表示建筑物的内部布置情况，外部形状，以及装修、构造、施工要求等（图7-9）。其中，用总平面图来表示建筑物的位置，用平面图及剖面图来表示建筑物的内部，用立面图及屋顶平面图来表示建筑物的外部，用详图来表示建筑物的细部做法。建筑施工图简称"建施"图。建筑施工图根据不同的工程性质及规模，图纸内容及数量有所不同。但从识图的角度来分析，它们有一定的共性，只要掌握基本图和详图的一般内容和表示方法，就可以举一反三看懂其他图纸。

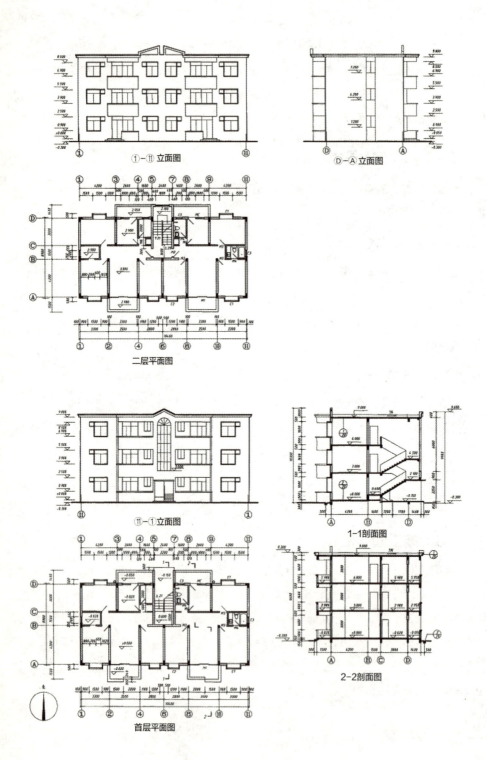

图 7-9 建筑施工图

3. 略览施工图

（1）建筑总平面图

建筑总平面图是用来说明建筑场地内的建筑物、道路、绿化等的总体布置的平面图（图7-10）。建筑总平面图是新建房屋定位、土方施工以及绘制水、暖、电等管线总平面图和施工总平面图的依据。

建筑平面图是假想用一水平的剖切面沿门窗洞位置将建筑物剖切后，对剖切面以下部分所作的水平投影图。它可反映出建筑物的平面形状、大小和布置，墙、柱的位置、尺寸和材料，门窗的类型和位置等。

从建筑总平面图看出以下内容：

第一，该建筑场地的位置、大小及形状；

第二，新建建筑物在场地内的位置及与邻近建筑物的相对位置关系；

第三，场地内的道路布置与绿化安排；

第四，新建建筑物的方位。通常用指北针表明，有时用风玫瑰图表示常年的风向频率与方位；

第五，新建建筑物首层室内地面与室外地坪及道路的绝对标高；

第六，扩建建筑物的预留地。

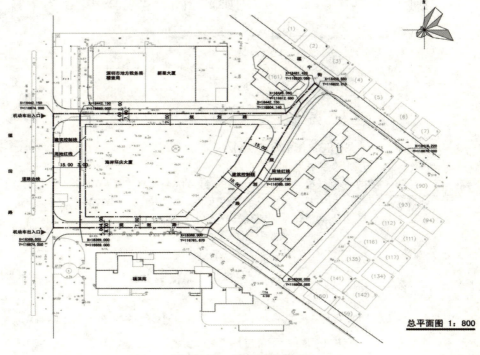

图 7-10 建筑总平面图

单层以上的建筑物一般每层有一个单独的平面图。但对于中间几层平面布置完全相同的，通常只用一个平面图表示。一幢建筑物一般有以下几种建筑平面图：

1）底层（首层，一层）平面图

主要表示底层的平面布置情况，即各房间的分隔和组合、房间名称、出入口、门厅、走道、楼梯等的布置和相互关系，各种门窗的位置以及室外的台阶、花台、明沟、散水、雨水管的布置以及指北针、剖切符号、室内外标高等（图7-11）。

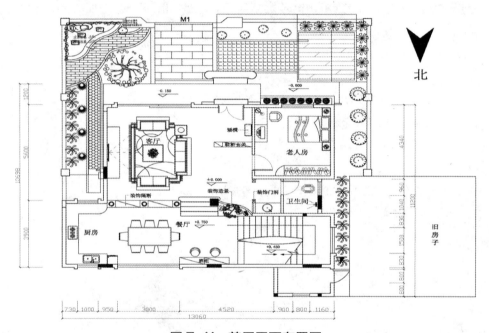

图7-11 首层平面布置图

平面图的图示方法：

比例：1∶100、1∶50、1∶200；

图样数量：一般情况，每一楼层对应一个平面图（图中注明楼层层数），再加上屋面（天面）层平面图。如果其中几个楼层结构完全相同时，则可共用同一平面图（标准层平面图）；

尺寸标注：外部（三道）、内部等尺寸。

2）标准层平面图

主要表示中间各层的平面布置情况。在底层平面图中已经表明的花台、散水、明沟、台阶等不再重复画出。进口处的雨篷等要在二层平面图上表示，二层以上的平面图中不再表示首层的雨篷，但应表示相邻下一层的屋顶或露台等内容。

3）顶层平面图

主要表示房屋顶层的平面布置情况。如果该层的平面布置与标准层的平面布置相同，可以只画出局部的顶层楼梯间平面图。

4）屋顶平面图

主要表示屋顶的形状，屋面排水方向及坡度、天沟或檐沟的位置，还有女儿墙、屋脊线、雨水管、水箱、上人孔、避雷针的位置等。由于屋顶平面图比较简单，所以可用较小的比例来绘制。

5）局部平面图

当某些楼层的平面布置基本相同，仅有局部不同时，则这些不同部分就可以用局部平面图来表示。当某些局部布置由于比例较小而固定设备较多，或者内部的组合比较复杂时，也可以另画较大比例的局部平面图。为了清楚地表明局部平面图在平面图中所处的位置，必须标明与平面图一致的定位轴线及其编号。常见的局部平面图有厕所、盥洗室、楼梯间平面图等。

从建筑平面图中可以看出以下内容：

第一，建筑物的平面形状，出口、入口、走廊、楼梯、房间、阳台等的布置和组合关系；

第二，建筑物及其组成房间的名称、尺寸、定位轴线和墙厚；

第三，走廊、楼梯的位置及尺寸；

第四，门、窗的位置、尺寸及编号；

第五，台阶、阳台、雨篷、散水的位置及尺寸；

第六，室内地面的高度。

（2）建筑立面图

建筑立面图是平行于建筑物各方向外墙面的正投影图，简称（某向）立面图，用来表示建筑物的外形和外貌，并表明外墙面装饰要求等的图样（图7-12）。建筑物有多个立面，通常把建筑物的主要出入口或反映建筑物外貌主要特征的立面图称为正立面图，从而确定背立面图和左、右侧立面图。有时也可按建筑物的朝向来定立面图的名称，如南立面图、北立面图、东立面图和西立面图。

按投影原理，立面图上应将立面上所有看得见的细部都表示出来。但由于立面图的比例尺较小，如门窗扇、檐口构造、阳台栏杆和墙面复杂的装修等细部，往往只用图例表示。它们的构造和做法，都另有详图或文字说明。

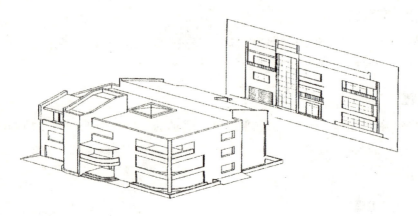

图 7-12　建筑立面图

从建筑立面图中可以看出以下内容：

第一，建筑物的外观特征及凹凸变化；

第二，建筑物各主要部分的标高及高度关系，如：室内外地面、窗台、门窗顶、阳台、雨篷、槽口等处完成面的标高，门窗等洞口的高度尺寸；

第三，建筑立面所选用的材料、色彩和施工要求等。

立面图的图示方法：

比例：一般与平面图对应；

图示方法：每个立面对应一个立面图，分正、侧、背向立面图，或东、南、西、北向立面图，或以轴线编号命名。

（3）建筑剖面图

假想用一个竖直剖切平面从上到下将房屋垂直地剖开，移去一部分，给出剩余部分的正投影图，称为建筑剖面图，建筑剖面图用以表示建筑物内部的结构或构造形式、分层情况和各部位的联系、材料及其高度等，是与平面图、立面图相互配合不可缺少的重要图样之一（图 7-13）。

07 看懂施工图

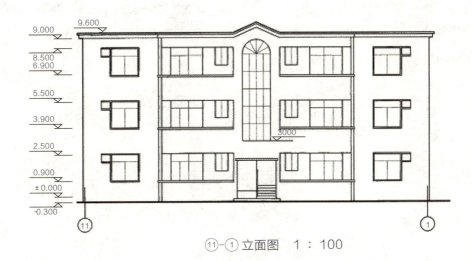

⑪-① 立面图 1:100

图 7-13 建筑剖面图

1）建筑剖面图的两种形式

根据建筑物的实际情况和施工需要，剖面图有横剖面图和纵剖面图。横剖是指剖切平面平行于横轴线的剖切，纵剖是指剖切平面平行于纵轴线的剖切。建筑施工图中大多数是横剖面图。

2）剖面图的剖切位置根据建筑物的复杂程度确定

剖面图的剖切位置应选择在内部结构和构造比较复杂或有代表性的部位，其数量应根据建筑物的复杂程度和施工的实际需要而确定。对于多层建筑，一般至少要有一个通过楼梯间剖切的剖面图。如果用一个剖切平面不能满足要求时，可采用转折剖的方法，但一般只转折一次。建筑剖面图中一般不画出室内外地面以下的部分，基础部分将由结构施工图中的基础图来表达，因而把室内外地面以下的基础墙画上折断线。

建筑剖面图的主要内容：

第一，剖切到的各部位的位置、形状及图例。其中有室内外地面、楼板层及屋顶层、内外墙及门窗、梁、女儿墙或挑檐、楼梯及平台、雨篷、阳台等；

第二，未剖切到的可见部分，如墙面的凹凸轮廓线、门、窗、勒脚、踢脚线、台阶、雨篷等；

第三，外墙的定位轴线及其间距；

第四，垂直方向的尺寸及标高；

第五，施工说明。

（4）建筑详图

建筑详图是建筑细部的施工图，是建筑平面图、立面图、剖面图的补充。因为平面图、立面图、剖面图的比例尺较小，建筑物上许多细部构造无法表示清楚，根据施工需要，必须另外绘制比例尺较大的图样才能表达清楚。建筑详图包括局部构造图、房屋设备和装饰部位图（图7-14）。

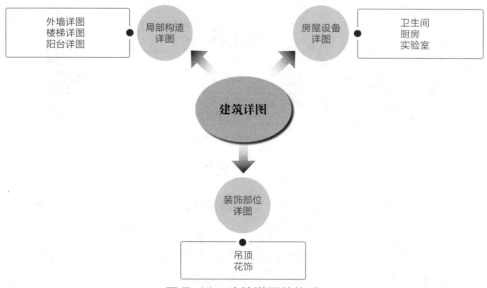

图7-14　建筑详图的构成

（5）结构施工图

建筑施工图主要表达了房屋的外形、内部布局、建筑构造和内外装修等内容。而房屋的各承重构件（如基础、梁、板、柱）的布置、结构构造等内容都没有表达出来。因此，在房屋设计中，除了进行建筑设计，画出建筑施工图以外，还要进行结构设计，画出结构施工图。

一幢建筑物的结构施工图通常包括基础平面图，基础剖面图，楼层结构布置图，屋盖结构布置图，柱、梁、板配筋图，楼梯图，结构构件图或表（如框架结构的梁柱表），以及必要的详图（图7-15）。结构施工图简称"结施"图。

图7-15　结构施工图的构成

结构施工图的主要内容：

第一，建筑物各承重构件（如基础、承重墙、梁、板、柱、屋架等）的布置、形状、大小、

材料、构造及其相互关系的图样;

第二,建筑、给排水、暖通、电气等对结构的要求;

第三,结构施工图主要用来作为施工放线、挖基槽、支模板、绑扎钢筋、设置预埋件、浇捣混凝土、安装梁、板、柱等构件以及编制预算和施工组织计划的依据。

(6)设备施工图

设备施工图包括给水排水、采暖通风、电气等设备的平面布置图、系统图、详图、统计表及文字说明(图7-16)。表示上、下水及暖气管道管线布置,卫生设备及通风设备等的布置,电气线路的走向和安装要求等。

给排水施工图与平面布置图是室内给水排水工程图的重要图样。

图 7-16 设备施工图的构成

1)给排水施工图

给排水施工图一般分为室内给排水和室外给排水两部分。

室内部分:表示一幢建筑物的给水和排水工程,其施工图的组成主要包括给排水平面图、系统轴测图和节点详图。在一幢建筑物内需要用水的房间(厕所、浴室、厨房等)布置管道时,要在房屋平面图上画上卫生设备、盥洗用具和给水、排水、热水等管道的平面图,这种图称为室内给水、排水管网平面布置图。为了说明管道空间联系情况和相对位置,通常还把室内管网画成轴测图,管道配件及安装详图,例如管道上的阀门井、水表井、管道穿墙、排水管相交处的检查井等构造详图。

室外部分:表示一个区域的给水和排水管网,其施工图主要包括平面图、纵断面图及节点详图等。为说明一个区域的给水排水管道的布置情况,需要在该区的总平面图上画出各种管道的平面布置,这种图称为该区的管网总平面布置图。有时为了表示管道的敷设深度,还配以管道总剖面图。给排水施工图简称"水施"图。

2)采暖施工图

采暖施工图一般分为室内和室外两部分。

室内部分：表示一幢建筑物的采暖工程，其施工图的组成主要包括采暖平面图、系统轴测图和节点详图。

室外部分：则表示一个区域的采暖管网，其施工图的组成包括总平面图、管道横剖面图、管道纵剖面图和节点详图等。采暖施工图简称"暖施"图。

3）通风施工图

通风施工图的组成主要包括通风系统布置图、系统轴测图及节点详图等。其中布置图又包括剖面图和平面图。通风施工图简称"通施"图。

4）电气施工图

电气施工图主要有系统图和接线原理图。根据不同的系统又可分为电气动力系统图、照明系统图、空调供电与控制系统图、消防供电及控制信号系统图、电话系统图、广播系统图、电气自备电源系统图、防雷系统图、闭路电视及共享天线系统图、建筑物监测信号系统图等。各系统一般根据建筑物的建造标准单独成图，或按强电、弱电等归类绘图。电气施工图简称"电施"图。

二、施工图里面的建筑学问

1. 建筑平面的学问解析

建筑平面主要由使用部分、交通联系部分和结构（墙、柱）所占面积构成，主要反映在水平面上房屋各部分的组合关系及功能关系。

（1）功能分区

一幢住宅按组成平面各部分的功能也可分为使用部分和交通联系部分两类。使用部分又可分为主要使用部分和辅助部分，前者包括起居室卧室，后者包括厨房、浴室、厕所和贮藏室等（现在绝大部分住宅都设有阳台）。交通联系部分是建筑物各个房间之间、楼层之间和房间内外之间联系通行的面积,包括走廊、门厅、过道、楼梯等。

起居室是人员集中的地方,如团聚、会客、娱乐、进餐(有些住宅专门设有餐厅)等,需要有较宽敞的空间。而卧室、学习或工作室要求安静,避免干扰,活动空间可以小点。辅助部分和交通面积等能满足基本使用要求即可。

(2)空间面积

从生理角度来讲,人要在居室中舒适地生活,首先要保证有足够的新鲜空气。

一般情况下,一个成年人每小时约需 30m^3 的新鲜空气,居室可每小时换 12 次新鲜空气,故可大致认为这个新鲜空气的体积是居室容积,这样每人需要的居住容积可以按 25~30m^3 计。现在我国大部分住宅居室净高为 2.7m 左右,由此计算出每人适宜有的居住面积应为 9.3~11.1m^2,这个面积可以保证居室内空气清新并安放必要的家具,且有足够的活动空间,也可满足人的心理需求(如宽敞的感觉)。

功能空间的适合面积

按目前我国的实际情况,住宅中的主要房间如起居室、卧室兼起居室等,面积可掌握在 12.5~15m^2;次要起居室等中房间要取 8.5~10m^2,做次要卧室的小房间有 6.5~8.5m^2。当然,作为高级住宅而言,面积大一些亦无妨,只要市场接受。

(3)尺寸比例

对居室平面设计来讲,仅仅考虑面积是不够的,尺寸比例合理与否十分重要。如一个非常狭长的房间,面积虽大,但就如同过道一样却不好使用,所以必须确定正确的开间和进深的比例。为减少建筑用地和有较多的房间争取好的朝向,一般情况下,居室进深尺寸略大于开间尺寸。其比例不宜大于 2:1,最好是 3:2 或 5:4,以便于室内空间的布置和人的日常活动。当然,具体设计时要参考其他因素,如在寒冷的北方,可设计大开间小进深的居室以获得更多的日照;而在炎热的南方,则可设计较大进深的居室以有效地组织穿堂风和避免过多的热辐射。

功能空间的适合尺寸

根据我国情况,居室大房间尺寸常用 3.3m×4.8m、3.3m×5.1m、3.6m×4.5m;中房间采用 3.3m×3.0m、3.3m×3.3m、3.3m×3.6m;小房间采用 2.4m×3.3m、2.4m×3.6m、2.7m×3.6m。

（4）平面布局

为了使各个房间有足够的有效面积，还应注意门窗的设置，主要家具（设备）的摆放位置，而居室门窗的开设位置对居室的家具（设备）布置和使用影响较大，一般的原则是窗子尽可能在居室外墙中布置，门则应靠角位布置，有多个门时，应使其尽量靠近，使交通路线尽可能简捷和少占使用面积。经常看到的例子，有些厅的面积近 $20m^2$，然而由于上述因素考虑不周，却给人以紊乱、狭小的感觉，相反地，有些客厅面积虽小些，但却给人以舒适的感觉。

对于其他类型的建筑物，类似地，也可以从它的功能需求出发，来大概判定平面布局的优劣，在此不再累述。

2. 建筑立面的学问解析

立面设计建筑体型反映建筑物总的体量大小、组合方式、比例尺度等。立面是表示房屋四周的外部（竖直面）形象，由许多构件所组成，主要是墙面、窗户、阳台栏板等，这两者决定了房屋外部形象的总体效果。

建筑立面通常作为建筑主体的主要表现手法之一，一般情况下人们对建筑物的感知都是通过立面反映出来的，所以，一个建筑物的成与败、好与坏以及人们对于建筑物的认同，通常都是建筑物立面起着决定性作用。

住宅建筑立面的构成主要考虑的问题包括屋顶、建筑立面中部、基座等。从现阶段看，功能型、美观型的建筑立面是市场主流，而个性化、艺术化、绿色环保、智能化、新材料新技术化、节能建筑立面是未来的发展趋势。

现代住宅类建筑立面必须遵循以下五个必须：

第一，单个建筑立面必须与社区整体形象相适应；

第二，社区建筑立面必须与社区所追求的文化、概念、生活理念相吻合；

第三，社区建筑立面必须以绿化、环保为基础；

第四，社区建筑立面必须以适应人居环境为基础；

第五，社区建筑立面既要与城市建设的大环境相适应，又要彰显自己的个性特征。

3. 建筑剖面的学问解析设计

剖面设计主要反映建筑物在竖直方向上各部分的组合关系及功能关系，反映建筑物各部分的高度、层数。住宅的剖面设计主要考虑分析建筑物各部分应有的高度，建筑的层数，

07 看懂施工图

建筑空间的组合和利用,以及建筑剖面中的结构、构造等。其中,很重要的一条是确定室内净高。尽管净高大的房间有利采光、通风,但降低净高可降低住宅每平方米的造价。据一些资料分析,在一般砖混结构中层高降低 10cm,造价可降低 1.5% 左右。

房间净高还与自然采光要求有关,一般情况下,当房间采用单侧采光时,通常窗户上沿离地的高度应大于房间进深长度的一半,当允许两侧开窗时,窗户上沿离地的高度应不小于总深度的 1／4。解放初期我国住宅净高一般在 3m 以上,有的甚至超过 3.5m,1958 年后逐步降低,目前多数住宅净高在 2.7m 左右。随着人民生活水平的提高,住宅净高又有加大的趋势,有时候甚至成为卖点。

三、建筑施工图反映的具体实物

1. 墙或柱

墙是建筑物的承重、围护和分隔构件。作为承重构件,墙承受着屋顶和楼板层传来的重量,并将其传给基础;作为围护构件,它抵御自然界各种有害因素对室内的侵袭,内墙主要起分隔空间的作用。因此,墙体应具有足够的强度、稳定性,并应具有保温、隔热、防水、防火等性能。

墙又分为承重墙、非承重墙、山墙、檐墙、女儿墙等。前面章节已详细介绍过这些概念,在此不再赘述。在施工图中,一般只能反映出承重墙、非承重墙、山墙。立面图能反映女儿墙。

墙在施工图的表现形式

承重墙一般用大黑线表示,如"▬▬▬",非承重墙一般用"────"表示。

2. 楼梯

楼梯是建筑物的垂直交通设施，供人们上下楼层和紧急疏散之用，应具有足够的通行宽度，并且满足防滑防火等具体要求。低层和高层住宅一般以楼梯为主。在建筑物中，布置楼梯的房间称为楼梯间。

（1）楼梯的组成

楼梯主要由梯段、休息平台和栏杆扶手三部分组成。

梯段：两个平台之间由若干连续踏步组成的倾斜构件。踏步数量一般不应超过18级，不应少于3级。

平台：包括楼层平台和中间平台两部分。连接楼板层与梯段端部的水平构件称为楼层平台，位于两层楼面之间连接梯段的水平构件称为中间平台。主要作用是供人行走时缓冲疲劳和转换楼梯段方向。

栏杆：在楼梯段和平台边缘处有一定刚度和安全度的围护构件。扶手附设于栏杆顶部，供依扶用。

（2）楼梯是施工图的基本实物

楼层平面图会清晰地反映出楼梯的尺寸、位置、宽度等基本的数据，同时还能反映出休息平台、梯段、栏杆扶手。楼梯是施工图里面的基本实物，常用的图例如图7-17所示。

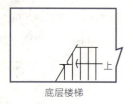
底层楼梯

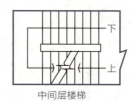
中间层楼梯

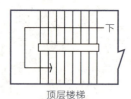
顶层楼梯

图7-17 楼梯图例

3. 门窗

门窗属非承重构件。门主要起交通联系、分隔之用。窗主要起通风、采光、分隔、眺望等作用，故要求其开关灵活、关闭紧密、坚固持久，必要时应具有保温、隔声、防火能力。门窗也具有重要的建筑造型和装饰作用。

（1）门

一般由门框、门扇、五金零件及附件等组成。按开启方式，门分为平开门、弹簧门、推拉门、转门、折叠门、卷帘门、上翻门和升降门等。在施工图中，一般用如图 7-18 图标示意（弧线表示门开口）。

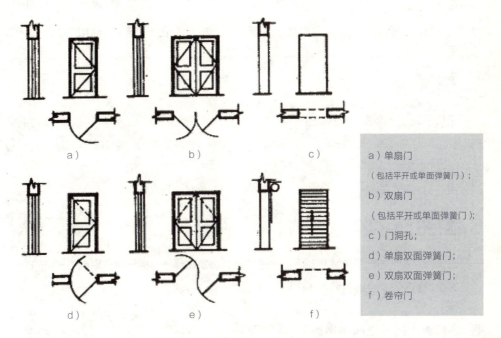

图 7-18 建筑施工图中门的种类

a）单扇门
（包括平开或单面弹簧门）；
b）双扇门
（包括平开或单面弹簧门）；
c）门洞孔；
d）单扇双面弹簧门；
e）双扇双面弹簧门；
f）卷帘门

（2）窗

一般由窗框、窗扇、玻璃、五金零件等组成。按开启方式，窗分为平开窗、推拉窗、旋转窗、固定窗（图 7-19）。

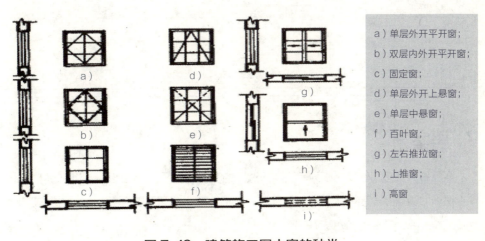

a）单层外开平开窗；
b）双层内外开平开窗；
c）固定窗；
d）单层外开上悬窗；
e）单层中悬窗；
f）百叶窗；
g）左右推拉窗；
h）上推窗；
i）高窗

图 7-19 建筑施工图中窗的种类

4. 电梯

电梯是一种建筑物的竖向交通工具,是沿固定导轨自一个高度运行至另一个高度的升降机。平面图中能清晰地显示电器的类型、数量及电梯厅的位置。电梯一般用"☒"表示。

5. 空调

空调系统是一个空气处理、空气调节过程及空调设备控制的综合体,通过使室内的空气温度、相对温度等参数保持在一定范围,而使空气环境满足不同的使用要求的系统。在施工图中空调一般用"☒"或者"◪"表示。

6. 卫生间

卫生间是建筑的一个重要功能区,一般由浴盆、梳妆盘、马桶三部分组成(表7-1)。一般的建筑施工图都会准确地描述出其所设计的摆放位置。

● 建筑施工图卫生间实物图例　　　　　　　　表 7-1

名称	图例
蹲式大便器	
坐式大便器	
浴盆	
梳妆盘	
小便槽	

7. 居室

居室都会在施工图上清晰列示,并通过门的开口显示居室的动线。施工图的尺寸和标注能清晰地测算出居室的面积和以后被赋予的功能。有些户型图还会清晰地标出这些居室做何用,如主卧、起居室、厨房等等。

07 看懂施工图

知识点：其他常见的施工图图例

灯　　电井　　污水池　　污水管 —W—

附图：施工图（图7-20）

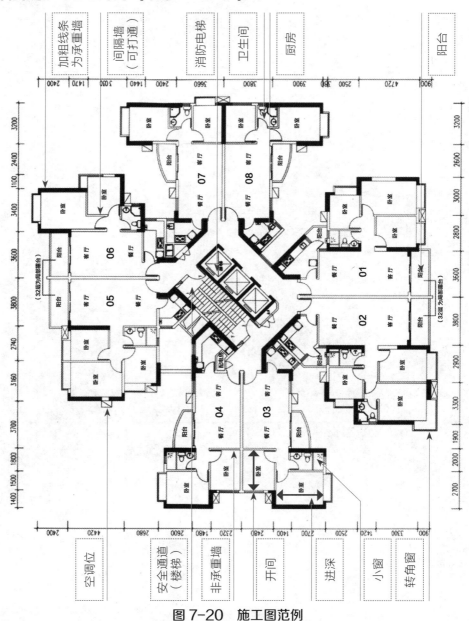

图7-20　施工图范例

新兵入门
测试题

新手知识总结与自我测验
总分：100分

第一题：绝对标高和相对标高怎么区分？（20分）
___
___

第二题：写出常见的六种施工图（20分）
___
___

思考题：注释图中各图例代表的实物（60分）

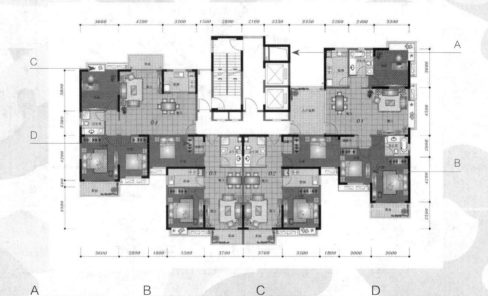

A_____ B_____ C_____ D_____

得分：　　　　　　　　　签名：

住宅地产新兵入门 08

详解户型
图纸反映的建筑之美

操作程序

一、基于户型的楼盘价值案例分析
二、复式、跃层、错层常见户型图赏析
三、户型鉴别的具体标准
四、户型功能的说明
五、对室内功能区的进一步说明
六、学会认识户型图

户型总是跟随时代的脚步,不断满足个性需求的品质居住空间。户型的变革在可预见的未来里,将更多地体现出"注重品质"的特质。好住宅的标准,应强调符合人的居住行为习惯。好户型的4大标准和16个健康指标将传授创新户型的专业知识,室内功能的进一步说明有助于对这些知识的解读。

操作程序

一、基于户型的楼盘价值案例分析

1. 户型空间尺度合理

合理的尺度空间会赋予居住功能舒适感。但是往往在设计过程中设计师忽略了空间的重要性,结果在房屋的使用率、采光、朝向上并不能满足用户的需求(图8-1)。

户型设计时对各功能分区的空间尺度要求如下:

客厅:宽敞明亮、通风,朝向好、景观好;开间不应少于3.6m,宽深比不大于1:2,要留出摆放家具的稳定空间;

卧室:主卧应有好的朝向,开间不少于3m,面积不小于$12m^2$,且应该带有卫生间。次卧面积不小于$8m^2$;

餐厅:餐厅和客厅宜相对独立。既有关系又有分隔;

厨房:厨房应紧挨着餐厅,宜带一服务性阳台;

卫生间:净宽不宜小于1.6m;

阳台:保证客厅有良好的视野,采光栏板最好做成全透明或半透明。

图 8-1 空间比例失当的案例

▶ 户型点评

客厅、进深太大,空间比例失当,形成面积浪费。

2. 面积比例适宜

住房必须在有限空间内满足基本的生活需求功能,如厨房、卧室、卫生间等。所以,户型设计需要有效搭配房屋各功能分区面积比例,以尽量提高用户的使用率。如何经济、有效地安排各功能房的面积、比例、关系,是户型设计、评价中应关注的主题之一。在权衡适宜的面积比例需要考虑如下因素:

第一,各房室具有与其户型相匹配的比例;

第二,大户型不应出现过小房间;

第三,主卧应明显大于次卧;

第四,三户室客厅与卧室的比例应把握在 1.5 : 1 以内。

面积比例不宜的案例图如图 8-2。

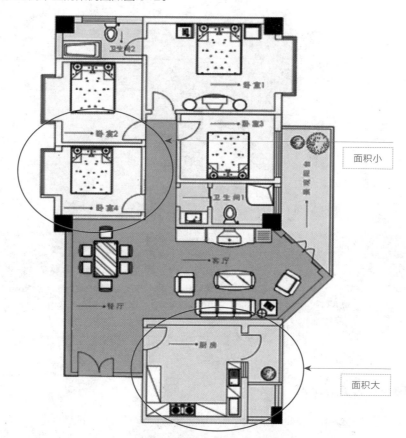

图 8-2 面积比例失当的案例

> **户型点评**
>
> 厨房面积过大,比次卧室大得多,甚至大于主卧面积。而次卧太小。

3. 户型与定位一体

户型与定位一体的案例图如图 8-3。

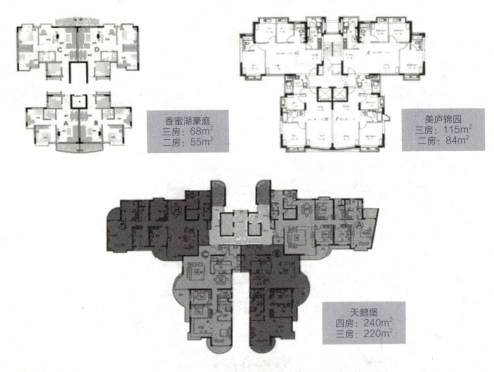

图 8-3 户型与定位一体的案例

> **户型点评**
>
> 同样是一梯四户的蝶式平面,小户型与大户型的市场定位、客户定位不同,其客户需求不同,功能布置也会不同。小户型注重基本生活功能区的满足,主要注重有几室,以及内部功能空间的五脏俱全;而大户型注重舒适,因此厅、室面积大,一般多阳台、多卫生间搭配。

4. 通风采光良好

在房子的居住功能中通风和采光是一个重要的参考指标,前面已经介绍过通风采光的基础知识。具体说来,通风采光标准至少要达到"室内四明"、"公共空间通风采光"。

室内四明:明厅、明房、明厨、明卫,四大主要功能区至少保证采光的充足(图 8-4)。

公共空间通风采光:电梯厅、楼梯(消防楼梯)、公共走道通风采光良好(图 8-5)。

08 详解户型

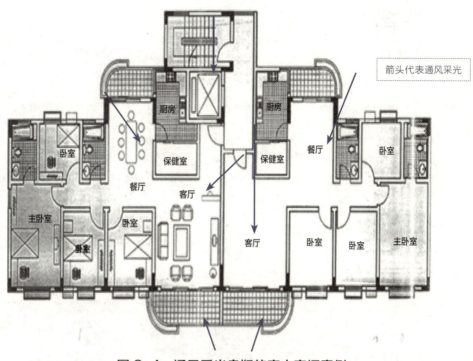

图 8-4 通风采光良好的室内空间案例

● 户型点评

一梯两户的小高层，电梯厅、公共楼道的通风采光一般都非常畅通。

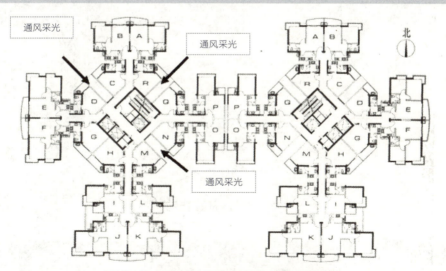

图 8-5 通风采光良好的公共空间案例

● 户型点评

一梯十八户都能做到通风采光的经典作品，充分反映建筑师的"蛙式平面苦心"。

5. 各房室合理性要求

（1）客厅

第一，空间独立。客厅开口不宜过多，要有两面完整的墙。

第二，方正开阔。方正完整，是实用的布局。开间至少不应大于3.6m，但开间不宜大于5m。

第三，长宽比不应失调。深度开间不宜大于2∶1。

第四，入口设玄关。入口门厅是住宅对外的空间过渡，避免厅内被外人一目了然，保障用户的私密性。

客厅开口过多的案例图如图8-6。

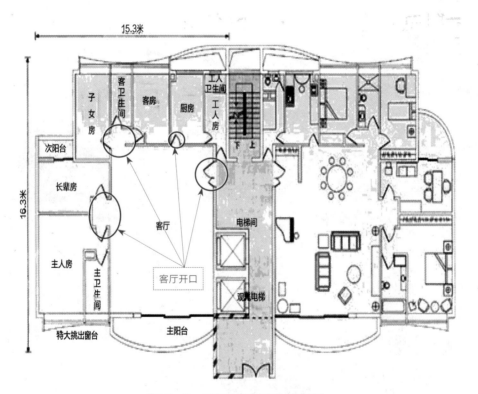

图8-6 客厅开口过多的案例

▶ 户型点评

客厅开口过多，有四处开口，使客厅很多面积成为公共面积，不好布置家具。

08 详解户型

(2) 餐厅

1) 相对独立

餐厅与客厅空间宜相对独立；餐厅与客厅既有关系又有分隔；餐厅至少要有两面墙夹一角。

2) 与厨房应有关联又独立成区

西式厨房与餐厅在空间上可以实现一体化。

餐厅不独立与独立的案例分别如图8-7、图8-8。

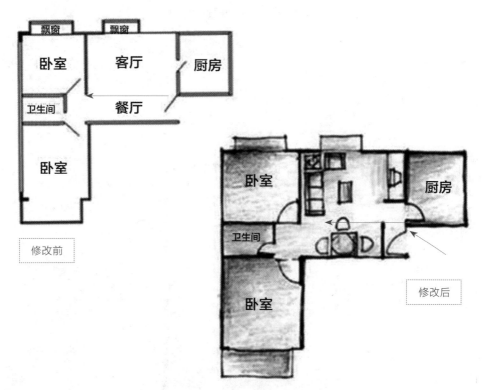

图8-7 餐厅不独立的案例

▶ 户型点评

餐厅与客厅分区不明显，餐厅成为过道几乎没有办法利用；客厅的形状不利于家具的摆放；厨房的位置使客厅显得更加局促。修改后既有玄关又使餐厅相对独立。

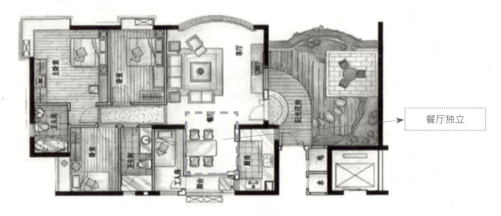

图 8-8 餐厅独立的案例

> **户型点评**
>
> 餐厅独立，又能采风通光，优点不言自明。

餐厅不占角与占角的案例分别如图 8-9、图 8-10。

图 8-9 餐厅不占角的案例

> **户型点评**
>
> 餐厅虽然与客厅形成明显分区，但餐厅不占一角（两面墙夹角），周边门开口过多，几乎成为过道，不便使用。

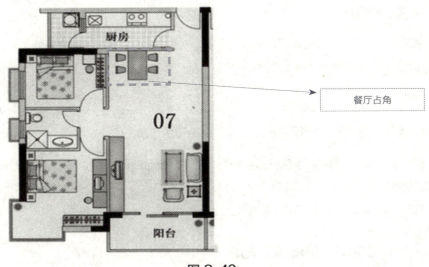

图 8-10

户型点评

餐厅占一角（两面墙夹角），空间相对独立，便于使用。

西式厨房改善餐厅的案例如图 8-11。

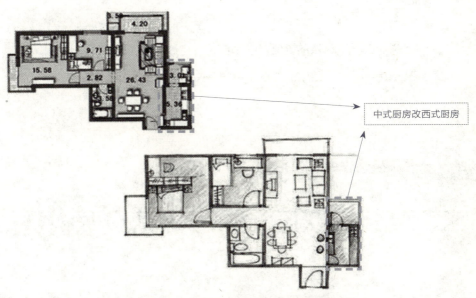

图 8-11 西式厨房改善餐厅的案例

户型点评

采用中式厨房，餐厅采光较差；采用西式厨房，厨房与餐厅在空间上实现了一体化，改善了餐厅空间和采光条件。

（3）厨房

总体来说，厨房应靠近餐厅，离大门不要太远（进出杂物多），直接对外采光通风；厨具按洗、切、烧的顺序合理布局，有一定长度的柜台摆放电器、煤气灶、洗菜盆等设备；厨、厕最好不要做紧邻。

（4）主卧室、次卧室

扩大主卧室的面积，房间进深可以适当增加；最好有好的朝向（南向），比客厅的南向要求更甚；大户型的主卧室应带一个专用卫生间，条件允许可配备进入式衣帽间，使主卧室布局更灵活；次卧室的位置要求深一些，以利于生活起居。

（5）卫生间、储藏室、阳台

1）卫生间应有明窗通风和采光

公共卫生间为厕浴分离、干湿分离，以利于清洁卫生和使用便利。仅有一个卫生间，那么卫生间要与主卧室的位置要近，避免不必要的穿堂越室。

2）面积较大的户型应设储藏室

对于面积标准较高的户型应该设有储藏室，面积不少于 $3m^2$。

3）阳台保证客厅有良好的视野和采光

客厅不设阳台而在主卧设阳台，则生活中的晾衣、休闲将通过主人的卧室，会干扰主人。

操 作 程 序

二、复式、跃层、错层常见户型图赏析

1. 复式是受跃层启发而创造设计出的一种经济型住宅

复式住宅在建造上每户占有上下两层，实际是在层高较高的一层楼中增建一个1.2m的夹层，两层合计的层高要大大低于跃层式住宅（复式为3.3m，而一般跃层为5.6m）。复

08 详解户型

式住宅的下层供起居用、炊事、进餐、洗浴等，上层供休息睡眠和贮藏用，户内设多处入墙式壁柜和楼梯，中间楼板即上层的地板（图8-12）。因此，复式住宅具备了省地、省工、省料又实用的特点，特别适合于三代、四代同堂的大家庭居住，既满足了隔代人的相对独立，又达到了相互照应的目的。

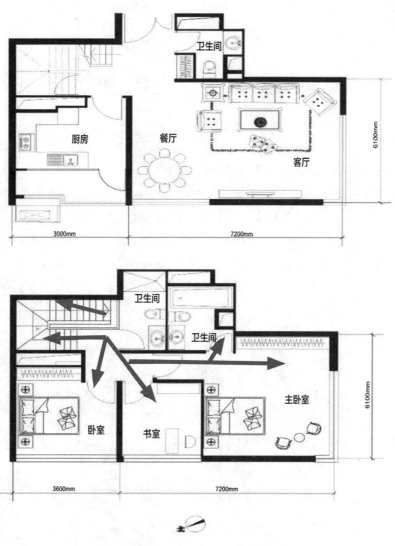

图 8-12 复式户型示意图

● 户型说明

这是一个三室两厅三卫的复式住宅。上图为底层平面图，可以清晰地看到客厅厨房、餐厅、卫生间。通过一个室内楼梯进入复式二层，二层主要满足住户的居住功能。根据图中箭头指向，我们可以清晰地看到复式住宅的布局意图。

复式住宅的经济性体现

平面利用系数高,通过夹层复合,可使住宅的使用面积提高 50%~70%;户内的隔层为木结构,将隔断、家具、装饰融为一体,既是墙又是楼板、床、柜,降低了综合造价;上部夹层采用推拉窗及墙身多面窗户,通风采光良好,与一般层高和面积相同的住宅相比,土地利用率可提高 40%。

因此复式住宅同时具备了省地、省工、省料的特点。

2. 跃层式住宅布局紧凑、功能明确、通风好、采光面大

跃层式住宅在东南沿海的广东、福建的一些开放城市建设较多。这类住宅的特点是住宅占有上下两层楼,卧室、起居室、客厅、卫生间、厨房及其他辅助用房可以分层布置,上下层之间的交通不通过公共楼梯而采用户内独用小楼梯连接。

跃层式住宅的优点是每户都有较大的采光面,通风较好,户内居住面积和辅助面积较大,布局紧凑,功能明确,相互干扰较小(图 8-13)。这类住宅的内部空间因为是借鉴了欧美小二楼独院住宅的设计手法,颇受海外侨胞和港澳台胞的欢迎,在南方城市建设、买卖较多,近年来在北方城市的一些高级住宅设计中,也开始得到推广。

图 8-13 跃层户型示意

● 户型说明

如图 8-13 所示,跃层的走廊成为公共区很好的过度,真正地动静分离,体现出空间的变化。

跃层户型的优势

跃式户型最大的优势是在一个层次感不强的空间内实现了功能分区，而在营造视觉效果上的层次感则不如错层丰富。

3. 错层式有"压缩复式"之称，通过错层平面让功能区形成整体的差别层次

错层式住宅房内的厅、卧、卫、厨、阳台处于几个高度不同的平面上。错层式和复式房屋有一个共同的特征区别于平面式的房屋。平面式表示一户人家的厅、卧、卫、厨等所有房间都处于同一层面，而错层和复式内的各个房间则处于不同层面。

错层和复式房屋的区别在于尽管两种房屋均处于不同层面，但复式层高往往超过一人高度，相当于两层楼，而错层式高度低于一人，人站立在第一层面平视可看到第二层面。因此错层有"压缩复式"之称。另外，复式的一、二层楼面往往垂直投影，上下面积大小一致；而错层式两个（或三个）楼面并非垂直相叠，而是互相以不等高形式错开（图8-14）。

图 8-14　错层户型示意图

▶ 户型说明

根据箭头所指向，通过一个室内的小楼梯，让居住区和休息区形成了立体的差别层次。

 **错层式住宅的缺点**

错层式住宅不利于结构抗震,而且显得空间零散,容易使小户型显得局促,更适合层数少、面积大的高档住宅。

4. 跃层和复式、错层的区别

跃层、复式、错层的区别如表 8-1。

跃层和复式、错层的区别　　　　　　　　　　　　　表 8-1

户型	实际占用空间	空间联系方式	功能分布
跃层式	占两个楼层	上下两层由楼板分隔,只通过楼梯联系	一般在首层安排起居、厨房、餐厅、卫生间,最好有一间卧室,二层安排卧室、书房、卫生间等
复式	一层,但层高较普通的住宅(通常是 2.7m)高	内部楼梯联系上下层	局部掏出夹层,安排卧室或书房等功能空间
错层	一层,但是楼面高度不一致	错开之处有楼梯联系	可以利用错层住宅中不同的层高区分不同功能的房间,比如起居室比较高,卧室比较低等

操作程序

三、户型鉴别的具体标准

1. 好户型的 4 大标准

户型好的 4 大标准如图 8-15。

图 8-15　好户型的 4 大标准

（1）实用安全灵活经济

好的户型应该具备6个特性，分别是实用性、安全性、灵活性、可变性、经济性和艺术性（图8-16）。

图8-16　好户型设计的6大特性

实用性是指住宅要实用、大小适宜、功能合理，舒适温馨，每个房间都间隔方正，少点"金边银角"，谨防多边角的"钻石"房。

安全性是指住宅要具有防盗、防火、抗震和抵御自然灾害的能力，还要具有一定的私密性才会使你有安全感，因此社交、功能、私人空间应有效分隔。

除此之外，住宅还要具有经济性，即面积要紧凑，实用率更高。当然住宅也应该美观大方，有一定的艺术性、个性、特色、文化品位。

（2）空间有效分离

一般一个好的户型设计应包括6种分离：生理分居、功能分区、动静分开、公私分开、主次分开、干湿分开（图8-17）。

图8-17　好户型设计的6种分离

1）生理分居

生理分居是指8岁以上子女应该和父母分室居住，15岁以上异性子女应该分室居住。

2）功能分区

是指不同的生活功能就要有不同的活动空间，会客要有客厅，烹饪要有厨房，存物要有储藏室等。

3）动静分开

是指活动空间跟休息空间要严格区分开来，客厅、餐厅、厨房等人来人往，活动频繁，应靠近入户门设置。而卧室显然需要最大程度的静谧，应比较深入。

4）公私分开

是指家庭生活的私密性必须得到充分的尊重与保护，不能让访客在进门后将业主家庭生活一览无余。

5）主次分开

是指主人房要与其他成员房间有所区别。

6）干湿分开

是指厨房、卫生间等带水、带脏的房间应与精心装修怕水怕脏的卧室分开。

（3）面积恰当、尺度适宜

人们较理想的卧室面积应在 12~15m² 之间，较理想的客厅面积在 21~30m² 之间，客厅的开间不应小于 3.9m²，否则会影响看电视的效果。卫生间、厨房、健身房、储藏室各占 4~5m²，阳台占 5~6m²。

此外，各功能空间的相互关系对使用效果也有很大影响。例如厨房应靠近入口布置，避免买了蔬菜穿过客厅的不方便，卫生间则应该接近卧室以方便晚间使用，厕所门不应直接开向客厅和餐厅，这样既不卫生又不雅观。阳台应该设置在客厅前面，不应该设在卧室前面，因为卧室是私密性空间，而阳台是开放性空间，晒衣时要穿过卧室影响了卧室的私密性。

（4）健康性因素的合理利用

呼吸、采光、通风是每个人最基本的生理需求，尤其对家庭生活来讲，这些要求是否能被充分满足，对人的健康有着至关重要的影响。而辨别一个户型的好坏，健康性因素是否被合理运用也成了一个重要的标准。如：朝向合理、光线充足、通风良好、安静舒适等。

每套住宅的卧室和使用面积在 10m² 以上的起居室（厅）均应直接采光，且至少应有一间卧室或起居室（厅）具有良好的朝向，能直接获得日照，一般为南向，南偏东或者南偏西不可大于 45°。住宅应有良好的自然通风，即应有在相对外墙上开窗所形成的穿堂风或相邻外墙上开窗所形成的转角通风，对于单朝向的套型必须有通风措施。

厨房和卫生间的健康要求

按照我国的饮食习惯，煎炒烹炸时产生的油烟对人体十分有害，因此厨房应有直接对外的采光、通风窗。而卫生间应设有通风窗，无通风窗的卫生间也应该设置屋顶管道，合理安排进风和排风管道。

2. 好户型的 16 个健康指标

根据世界卫生组织定义，健康住宅是指能够使居住者在身体上、精神上和社会上完全处于良好状态的住宅。我国的"健康住宅建设技术要点"提出了健康住宅的面积、光环境、声环境、热环境等方面的标准。

（1）建筑密度不大于 25%。

（2）面积标准（表8-2）。

好户型的面积标准　　　　　　　　　　　　　　　　　　　　　表 8-2

功能区	最低面积	常规面积	推荐面积
客厅	14m²	18m²	25m²
主卧室	12m²	14m²	16m²
次卧室	8m²	10m²	12m²
厨房	5m²	6m²	8m²
餐厅	6m²	8m²	10m²
主卫生间	6m²	7m²	8m²
次卫生间	3m²	4m²	5m²
贮藏室	3m²	4m²	6m²
书房	6m²	8m²	10m²

（3）能引起过敏的化学物质浓度很低。

（4）尽量不使用易散发化学物质的材料。

（5）二氧化碳浓度要低于 1000PPM。

（6）悬浮粉尘浓度要低于 $0.15mg/m^2$。

（7）每天日照时间应在 3 小时以上。

（8）有足够亮度的照明设备。

（9）功能良好的换气设备能将室内污染气体排到室外。

（10）厨房灶具或吸烟外要设局部排气设备。

（11）整个房间温度全年保持在 17℃ ~ 27℃ 之间。

（12）室内温度全年保持在 40% ~ 70% 之间。

（13）噪声要小于 50dB。

（14）有足够的抗自然灾害的能力。

（15）便于护理老人和残疾人。

（16）人均公用绿地面积大于或等于 $2m^2$。

3. 户型常见的 19 个缺陷

户型常见的缺陷如表 8-3。

户型常见的 19 个缺陷　　　　　　　　　　　　　　表 8-3

功能区	缺陷
厅	采光口小或采光口凹槽深，使起居厅较暗
	视野差
	形状不好或尺度不合理
	面宽（或称厅跨）太小
	客厅是大过道
户内	入户无过渡空间
	户内交通线长
	功能分区不合理
	各功能空间面积比例不当

08 详解户型

续表

功能区	缺陷
户内	跃层户型室内楼梯的位置不当
餐厅	面积过大或过小
厨房	布局无流程考虑，厨房的水龙头与切菜案台不在同一侧，没有并联
	厨房宽度不够
主卧室	宽度小于3m或面积过小
	面积稍大的户型主卧室不带卫生间以及储藏间
	卧室距离邻居窗户太近
卫生间	距主卧室远或对着起居室的卫生间，无前室
	卫生间居中，不利于浊气散发
	宽度不够

四、户型功能的说明

1. 户型的特性

好户型的标准不尽相同，这是由于设计师结合市场的大多数需要来设计户型，购房者结合家庭的极少数需要来选择户型，因此千差万别，但是，有一点认识可以统一：基于人性化的设计，对于某一类别的消费者应该是最适合的。好户型的特性标准如表8-4。

● 好户型的特性标准　　　　　　　　　　　　　　　　　　　　　　　表8-4

实用标准	具体情况
基本空间要具备	像卧室、起居室、厨房、卫生间等基本生活空间在每个套型内要有保证，否则将影响生活的舒适度

续表

实用标准	具体情况
居室比例要方正	合理的长宽比不大于1.5∶1，尽量少点"金角银边"
面积大小要适宜	户型有大有小，有繁有简，但最重要的是要大小适度、繁简适宜，大而无当、小而局促都会使舒适度受到影响
功能分配要合理	住宅的主要功能是居家过日子，在功能细分的前提下，尽量减少可用可不用的空间
空间使用要便捷	一个简便的标准就是看看空间的转换是否自如，交通的动线是否简短，相互的干扰是否最少

2. 户型的需求

购房者在选择户型时，一般是先基于各自不同的宏观需求，如自住需求中的人口数量，是一代、两代，还是三代，是需要解决有无，还是改善居住；投资需求中的使用性质，是长期出租，还是短期炒卖，是先自住后出租，还是先自住后转让。在框定了面积大小、居室多少后，人们自然而然地会浮现出各式各样的微观需求。

（1）套型的需求

套型是户型的核心，选择时既要注意现实的需求，又要考虑未来的变化，不管是自住，还是出租或转让，都尽量符合可持续发展的原则。

1）布局与配比

有时套型中各居室的布局差之毫厘，需求就谬以千里。因此，结合理论评判布局，结合需求框定布局，就成了选择户型的重要指标。在配比上，均好性是户型匀称的标志，目前国内基本上延续了香港住宅"大厅小卧"的模式，而北方地区在卧室的面积上进行了适当放大。

动区和静区的比例分配

在动区和静区的比例上，有个简单的算法：三居室大致五五开；两居室大致六四开；一居室大致七三开。而动区中的起居室与其他空间大致七三开，或者客厅与独立餐厅等其他空间大致四六开。

2）采光与通风

对于阳光，南方北方有着不同的要求：北方因为寒冷，更在意阳光，朝阳面是人们重点的选择；南方因为炎热，尤其惧怕西晒，对阳光的需求不那么强烈。年轻人早出晚归，很少会考虑晒太阳，可以选择价格低一些的北向房；老人需要阳光的照射，两居以上的户型，至少要保证一个卧室或起居室处于朝阳面。景观也是朝向的重要因素，像大到山景、海景、河景、湖景，小到小区园林、水景，都会或多或少地影响着现代家居生活，因为好的景观会对心情起着重要的调节作用，这也是一些背向阳光、朝向景观的套型反而卖得好的原因。采光还要注意采光口的大小，也就是窗户的宽窄高低。大窗户采光、观景丰富，视觉上能延展居室空间，同时充满着时尚感，但保温会受到影响，并且私密性也差一些。住宅的通风在南方要求要高一些，这是因为空气相对潮湿，像卫生间、工人房，在北方可以做成暗的，但在南方则多为明窗。

（2）功能的需求

在总面积一定的情况下，选择什么样的空间组合，以达到居室效益的最大化，是影响户型的关键。

1）卧室与起居室

不论是过去的"室大厅小"，还是现在的"室小厅大"，选择住宅时，恐怕首先考虑的还是有几个卧室，才能满足生活的基本需求。

起居室包括门厅、客厅和餐厅，它是现代住宅的核心，不仅是户型的结构中枢，还是生活的重心所在。打个比方，户型像个螃蟹，卧室是爪子，支撑着身躯，起居室是夹子，掌握着方向。

2）厨房与卫生间

厨房与卫生间是体现家庭生活质量高低的关键场所，又是住宅科技非常集中的地方，因此大厨房、大卫生间是一种选择趋势。不仅如此，双卫甚至三卫、四卫，中西分厨甚至增设早餐室，都是提高舒适度的必要选择。不要忘了，追求面积和数量的同时，还要注意平衡其他居住空间。

3）休闲区与储物间

户内的次要空间，对生活情趣起着调节作用。像在居室一侧或一角设置茶座、酒吧、棋牌桌等等，成了很多人选择户型时的参考因素；而阳光室的设计，恰恰迎合了此类休闲空间设置的潮流。储物间包括衣帽间和储藏间，将各种衣物和杂物集中于此，会使居室变得更为整洁。

（3）材质的需求

表面上看，建筑材质与户型格局没有直接的关联，实际上，建筑材质优劣与否对选择户型起着调节作用。

1）窗户与门

窗户的发展变化与科技进步有着密切的关系：型材从铸铁窗、铝合金推拉窗、铝合金平开窗，直至铝包木窗；玻璃从单层平板玻璃、双层夹胶玻璃，直至多层中空玻璃；隔热保温技术从型材上的断桥隔热，玻璃上的LOW～E防辐射膜，包括外挂的隔热卷帘；等等。窗户在套型内采用的数量和面积较多，因而性能和成本有着直接的关系，选择时要注重性价比。而门主要是入户门，相当于户的脸面，造型美观，安全优质，会提升住宅的档次。

2）内饰与外墙

内饰主要体现在精装修项目上，优良的装饰会掩藏户型缺憾，锦上添花，而劣质的装饰则瑜不掩瑕，画蛇添足。外墙装饰按档次依次为石材、塑铝板、釉面砖和涂料，虽然这些离户型似乎远了一些，但好的外墙装饰会增强购房者的选择欲。

3. 户型的流线

流线是人们在户内活动的路线，流畅与否直接关系到各种功能的转换。户型的设计影响到流线的走向，而流线的走向影响到居住的品质，换句话说，好的流线会使小户型利用率提高，差的流线会使大户型变得"大而无当"。户型流线的三种形式如图8-18。

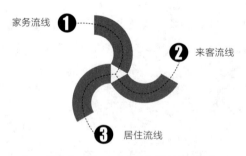

图8-18 户型流线的三种形式

选择户型的基本思路

选择户型的一个基本思路就是：选好流线。

（1）家务流线

分烹饪流线、洗涤流线、洗浴流线。储存、清洗、料理三道程序决定了烹饪流线，一般家中的厨房较窄，流线通常为"一"字形和"L"形，顺序不当就会引起使用上的不便。

比如，假使烹饪流线规划是先冰箱，然后隔过炉灶进入水槽清洗、案头加工，最后再回炉灶烹调，这样感觉流线并不合理。如果一开始就是冰箱、水槽、案头、炉灶，使用起来会更流畅些。洗涤流线主要是洗衣、晾晒和熨衣，这三点最好一线，甚至一区域，像将洗衣机放置服务阳台，使洗涤过程集中完成，是目前常见的布局。又比如洗浴流线，有些采用干湿分离的手法，将洗手台设计在卫生间外侧，然后依次是坐便和淋浴房，既避免了浴室潮气四处散布，又使洗手、如厕、淋浴互不干扰。

（2）来客流线

主要指从入户门进入客厅的行动路线。来客流线不应与居住流线和家务流线交叉，以免客人来访时影响家人的休息或工作。客厅所处的位置和周边的门是保证流线合理的关键。客厅处于套型中的动区，应在外侧，也就是离入户门近的区域；卧室的门要开在会客区外，避免出入时横穿沙发和电视机之间，最好的办法是完全动静分离，将客厅独立设置。

知识点　双起居室设计对流线的影响

在一些大的公寓或者别墅类住宅中，已经出现了仿造欧美流行的双起居室设计，即会客室和家庭起居室，将不同流线的干扰降到最低。

（3）居住流线

主要存在于卧室、卫生间、书房等私密性较强的空间中。这种流线应尊重主人的生活格调，满足生活习惯。像主卧配独立卫生间甚至衣帽间，大一点的户型增设带卫生间的次主卧，以及主卧配书房等等，增强了居住流线的私密性。目前还有一种书房开设两个门、分别通向主卧和客厅的设计，既保证了主人学习的便利，又使亲密关系的来客能在书房畅谈，将居住流线和来客流线在书房中形成交叉点。

操作程序

五、对室内功能区的进一步说明

1. 卧室篇

在购买住宅时,首先会涉及的就是"居室",而现在"一居室"、"两居室"等的称谓,基本上延续了 20 世纪 80 年代以前有室无厅,或仅有一过厅的单元结构形式,其核心仍然是唯卧室独尊。所不同的是,按照现代人的生活习惯,将起居室从传统的卧室中独立出来,形成了"厅"。尽管如此,当选择住宅时,恐怕首先考虑的还是有几个卧室,才能满足生活的需求。因此,当居室作为卧室体现了睡觉这种住宅最原始的功能时,就成了值得玩味的空间。

卧室的功能划分如下(图 8-19):

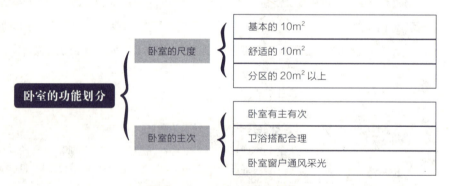

图 8-19 卧室的功能划分

(1)卧室的尺度

那么,从进门上床,到功能分区,选择多大面积的卧室,才显得更为合理呢?

1)基本的——10m² 的卧室面积

开间为 3m、进深为 3.3m 的尺度,基本能满足双人卧室家具的摆放。卧室中最少应有双人床、床头柜和大衣柜,当然,如果拥有独立的衣帽间,衣柜的部分可以省去。以床为中心,是考察卧室尺度是否合理的关键。一般床应平行于窗户摆放,并保持一段距离,否则会影响上下床的便捷性、生活的私密性,并且心理上缺乏安全感,同时,灰尘、噪声和迎头风等,都会影响睡眠和健康。

08 详解户型

为何进深需要 3.3m

以床长 2m 来计算，加上床前留有 0.8m 的通道，墙体中缝约 0.2m 的厚度，卧室的开间应为 3m。小双人床的宽度 1.5m，床头柜 0.4～0.6m，衣柜深度 0.6m，这样加起来，3.3m 是起码的要求。当然，若放置单人床，房间的面积可以稍小一些，但小于 $8m^2$ 的睡眠空间，可能会有局促感。

2）舒适的——$15m^2$ 的卧室面积

开间 3.6m，进深 4.2m，可以迎电视入室，这已经成为卧室，尤其是主卧室设计的潮流。入睡前拥着被窝看电视，是比在客厅正襟危坐更为舒适的享受。因此，除去床长 2m、走道 0.8m、墙体中缝约 0.2m 之外，还应增加 0.6m 厚的电视桌，这样开间就要增大到 3.6m。由于深度加大到 4.2m，除去基本的床、床头柜和衣柜外，还可以增加 1.2m 长的小型书桌或梳妆台，当然，也可以换个大点的 1.8～2m 的大床。总之，$15m^2$ 的卧室要舒适一些。

3）分区的——$20m^2$ 以上的卧室面积

开间 3.9m，进深 5m。居室加宽以后，在床尾放个脚踏，感觉就会大不一样，如果将双人床换成两张单人床，还可以体验分居新时尚。开间 4.2m 以上，进深 6m 以上。这样大的卧室，进行动静分区是显示气派的一种选择。除了原有的床、脚踏、床头柜和大衣柜形成的静区外，还要适时布置上双人沙发、贵妃椅、梳妆台以形成动区。

（2）卧室的主次

1）卧室有主有次

在两居室以上的户型中，卧室必然有主有次，也就是一个主卧室和若干个次卧室。通常来说，主卧室的面积较之次卧室要大一些，有的还配有卫生间、衣帽间和阳台等等，并且占据着居室中比较好的位置。若您与父母同住或子女年龄较大时，还可以选择有"次主卧"配置的住宅，也就是说，次主卧也带有卫生间甚至阳台，只是面积略小于主卧。

设立次主卧的目的

设立次主卧的目的一是满足老人或者孩子居住方便的需要，二是作为客房也显示出档次，这一点在高档住宅或者别墅中会时有显现。

2）卫浴搭配合理

目前国内的公寓类住宅，两卫已比较普遍，但达到三卫以上的却屈指可数。而西方发达国家，人们说起房子来，除了几室几厅外，很重要的就是几卫或几浴，因为他们通常各用各的，父母子女分开使用，有的甚至夫妇也各有自己的卫生间。拥有多卫虽然占用了居室的面积，但却大大提高了舒适度，是未来住宅发展的方向。

3）卧室窗户通风采光要好

卧室是生活中很重要的居室，而窗户是连接户外的采光、通风口，因此拥有什么样的样式和尺度，直接关系居住者的健康。

在窗户的样式上，尽可能选择平开窗，一方面是密闭性较之推拉窗要好，另一方面是可以避免推拉窗窗框位于中间阻隔视线的弊端。现代住宅在窗户上流行的是"大玻璃，小开窗"的分割形式，除了刻意追求古典风格的设计外，窗框少一些，可以使观景更为充分。

在窗户的尺度上，朝阳的面尽可能选择采光角度大一些的飘窗或角窗，以保证阳光的充沛。主要卧室应尽量向阳，以保证较高的舒适度。北方地区对阳光的需求依次为：南、东南、西南、东、西、东北、西北、北。

另外，还要注意自家的窗户是否与邻居的窗户互视，不然总是挂着窗帘也挺别扭的。

卧室的私密

一是对外的私密。卧室应处于与客厅、卫生间相对分离的位置，如果客人前往客厅还要经过主卧和主卫间的话，对主客双方来说多少都有些不便。因此，应将"前厅后卧"视为一种典型的户型结构。二是对内的私密。主卧和次卧应拉开距离：一方面满足了两代人保护各自隐私的需要，使大人和小孩各有各的空间；另一方面使主人与客人的卧室相对独立，互不干扰。

2. 厨卫篇

厨房和卫生间是体现一个家庭生活质量高低的关键场所，又是住宅科技体现得非常集中的地方。比如厨房，日常生活中的很多时光要在其中度过；又比如卫生间，洁具的配置直接影响着舒适度。因此，这两个部位的优劣对户型的档次有着重要的影响。

厨卫的功能划分如下（图 8-20）：

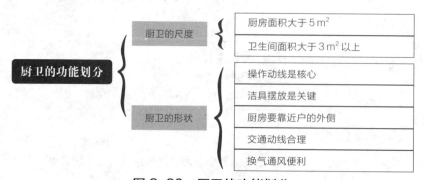

图 8-20　厨卫的功能划分

（1）厨卫的尺度

1）厨房面积要大于 5m²

厨房的基本功能是炒菜做饭，5m² 是中式厨房的最低限度，而 9m² 以上，则是厨房舒适度提高的标志。我国《住宅设计规范》中规定，厨房的最小面积为 5m²，小于这个数值，室内的热量聚集就会过大，人待着就会不舒服。

从现阶段住房的习惯和需求来说，6～8m² 基本上合适，两三个人在里面可以转得开，包包饺子、炒炒菜，其乐融融。

现代设计认为：厨房是家庭主妇每天工作时间最多的地方，理应大一些，其地位应等同于主卧。一个 9m² 以上的厨房，不仅可以做饭、设置早餐桌，还可以分隔出中西厨房，单设炒菜间，同时将冰箱、烤箱、洗碗机消毒柜、洗衣机等白色家电布置进来，使厨房成为家庭饮食中心，带来丰富的生活气息。因此，一些高档住宅，已经将厨房面积设计为 10 余 m²，超越了单纯烹饪的需要，而成为一个享受的生活中心。

厨房的净宽要求

一般来说，单排操作净宽不小于 1.5m，双排操作净宽不小于 2.1m，而操作线要长于 2.1m。这一数值是以人的活动需要 0.9m 而设定的，假定目前的橱柜宽度为 0.6m，单排橱柜的厨房净宽就应大于 1.5m，同样，双排应大于 2.1m。而操作线除去炉灶、洗碗池外，必须保证 0.5m 以上的操作台面，这样才能使厨房正常工作，而西式厨房，操作线还应加大许多。

2）卫生间面积至少 3m²

卫生间的基本功能是如厕和洗浴，个别还加进了洗衣功能。一般来说，卫生间主要摆放的洁具三件套，即洗手盆、坐便器和浴缸或淋浴间，因此应大于 3m²，否则人在里面转动起来就会不方便。

目前卫生间面积多在 4～6m² 左右，有些时髦的设计将面积提高到 6～10m² 甚至更多，这中间不仅能放下三角按摩浴缸、淋浴间、坐便器，还可以将洗手台换成双人的，并增加洁身器，这一点，在发达国家非常普遍。如果再奢侈一点，装上电视、音响、酒吧台和休闲椅，卫生间就成了家庭的一个特殊的享乐中心。

卫生间的搭配数量

通常 120m² 以上的两居室，应有两个卫生间：主卫生间 6m² 左右，可以从容安排洗手台、坐便器、浴缸；次卫生间 4m² 左右，安排洗手盆、坐便器和淋浴间。

（2）厨卫的形状

1）厨房的操作动线是厨房的核心

在挑选厨房时，不仅要看面积大小，更多的是要考虑厨具的布置，这关系到日后使用的便利性。

常见的厨房布局有：一字型、L型、U型、双排等。一字型是连续布置器具，对于操作流程来说，实际上不见得方便，尤其是两人以上备餐，会产生交叉。但这种布置的优点是节省面宽，最窄可以到 1.5m。L 型布置会好一些，可以把灶具或操作台甩在一边，而且对面宽也不会要求明显增大，1.5m 以上即可，开门也灵活得多，长短边均可。其优势是在同等面积下，可以缩短操作动线。如果面积足够大，早餐台和洗衣机都可以放下。U 型布置是最好的方式，能够容纳多人，操作动线更为合理，但面积也要加大，开门的位置只能是一个方向，一般来说，这种方式没有阳台。双排布置和 U 型相似，只是因为开阳台门，而将橱柜分成两排。比较大的户型中，可以把厨具放在厨房正中，人们环绕四周操作，这种布局在西方十分常见。

有些户型为了适应西式厨房的需要，干脆将厨房打开，并和餐厅连在一起，这样做的好处是整个就餐空间显得宽敞明亮，但中餐多油烟的状况很难适应。因此，结合两者的中西分厨应运而生，既炒菜间封闭，操作台开放，满足了不同的需要。

厨房的操作流程一般是存放、洗涤、切削、备餐、烹饪。

2）洁具摆放是否合理是考量卫生间空间功能的关键

卫生间虽然面积不大，但洁具的摆放合理与否对空间的有效使用影响很大。一般来说，下排式坐便器的下水口固定了坐便器的位置，轻易不能改变，所能调整的就是洗手台和浴缸及淋浴间。因此，在选择卫生间时要仔细计算，尽可能将到达各洁具的交通通道留在中间，使其共用。

干湿分离是卫生间一种新的形式，一般是设计成里外间，也就是把淋浴、坐便和洗手台分离，或者把淋浴、浴缸和坐便、洗手台分离，减少洁具使用过程中的相互影响。

08 详解户型

3）厨房要靠近户的外侧

厨房的位置往往影响着主人的生活：有的人在家做饭的机会不多，厨房仅仅担当热饭烧水的职能；有的人全家经常聚在一起，厨房餐厅成了情感交流的中心；也有的人雇了保姆，希望厨房离卧室越远越好。因此，在挑选厨房时，一定要结合实际，安排好和其他部分的关系（图8-21）。

厨房和玄关
厨房离户门越近越好，便于减少买菜和清理生活垃圾对室内卫生的影响。厨房和餐厅靠近户的外侧，减少对静区的卧室产生干扰

厨房和餐厅
厨房和餐厅的关系是最为密切的，相互之间最好紧紧相连，甚至打通成一片

厨房位置

厨房和保姆房
保姆房的设计是将其安排在厨房的附近，面积在3m²左右，以能放下单人床和床头柜为宜

厨房和阳台
厨房要宽敞、明快一些，使主妇的劳动变得有情趣。同时天然采光是十分必要的，最好设有阳台，便于临时放置蔬菜、肉类

图8-21 厨房位置

4）厨房交通动线要合理

厨房是每天阶段性活动频繁的区域，一是要注意内部设计完橱柜后操作动线是否合理，二是要注意到达其他相关空间的交通动线，这两者都要尽可能短而少交叉。卫生间同样也要注意交通动线，尤其是次卫，与次卧的距离不能太长，不然夜间如厕会有很多不便。

5）厨房换气通风要便利

厨房是居室中重要的油烟污染源，通风非常重要。一般来说，门与窗不能安排在同一侧，以免空气对流不畅。对于没有通风窗的厨房，只能采用电磁炉灶配大功率抽烟机，以避免煤气或天然气的污染。

卫生间的通风设计

卫生间的通风也同样重要，除了暗卫采用抽风机排放废气外，尽可能选择带窗户的明卫，这样不仅通风良好，采光也十分充分，既节约了电能，又可以在其中晾晒一些小衣物。尤其是一些高档住宅的阳光浴室，明媚中提高了生活情趣。

3. 起居篇

虽然传统的称谓突出了卧室的重要性，但实际上，现代住宅形成了以起居室为核心的结构样式。起居室包括门厅、客厅和餐厅。

起居室的功能规划如下（图 8-22）：

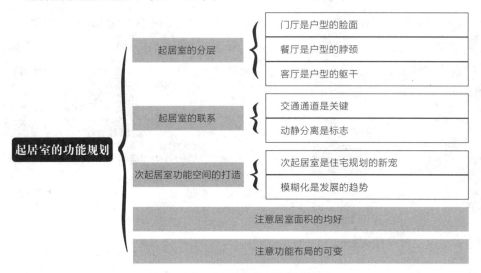

图 8-22　起居室的功能规划

（1）起居室的分层

1）门厅是户型的脸面

门厅也叫"玄关"，这个称呼来自于日本，是入户的过渡空间，既可以换换衣物和鞋，不至于把外面的尘土带进屋，又避免一览无余，使坐在客厅的人不自在。

进门时，经过空间由低到高，面积由小到大，光线由弱到强的变化，使人的心理上有个过渡，而非直接"登堂入室"。之所以称其为"脸面"，是因为门厅的设计装饰往往浓缩了整个户型装修的精髓。目前很多户型为节约空间，将起居室设计为"开门见餐"或"开门见客"，缺少了"曲径通幽"、"循序渐进"的感觉。因此，在条件许可的情况下，尽可能选择或装修出门厅来。

门厅的设计要求

门厅的面积一般为 3～5m²，并配有衣柜和鞋柜。有些户型是将居室入户大门后的过道定为门厅，要注意过道的宽度是否能放置衣柜或鞋柜，否则就只能是简单的"过渡空间"，而非门厅。

2）餐厅是户型的脖颈

餐厅目前有几类：一是和门厅共用，一是和客厅共用，还有就是独立餐厅。前两者更多地是为了有效利用居室面积，但其结果往往是处于户型的灰色空间中，采光并不良好，同时在就餐时会受到来自其他功能空间的干扰。而独立餐厅，尤其是带窗户的"明餐厅"，则避免了上述缺点，但同时也占据了户型内的一个采光面，牺牲了一个卧室的空间。

说是"脖颈"，是因为餐厅很多时候处于各功能区的结合部，起着连接沟通的作用。比如：餐厅尽可能和厨房、公共卫生间集中在一起，上菜、如厕都会方便一些；餐厅一定要在户型的外侧，与静区的卧室分开，避免产生干扰；和客厅共用时必须设在厨房一端，不然总是横穿看电视的区域，是件尴尬的事。

餐厅面积一般 6~12m²，可放置餐桌、餐椅和配餐台等。

3）客厅是户型的躯干

客厅是户型的中枢，相当于人体的躯干，也是户型中最大、最重要的居室。客厅是全家的活动中心，是生活的重心所在，一般都占据着重要的采光、观景面。

客厅的开间要求

客厅的开间很重要，现代家庭中的电视已经是 29 寸以上，按照测算，人体与彩电之间的距离，应相当彩电屏幕宽度的 7 倍以上，所以通常为 3.9m、4.2m、4.5m、4.8m、5.1m、5.4m 等等。

如果是独立客厅，面积可以小一些，如果是与餐厅、门厅合一的，则尽可能大一些，但最好要方正，明亮通透，有很好的视野。墙面尽量少开门，通常在与窗户夹角的两个侧墙面要保持 3m 以上连贯的"双平行线"，一方面有利于摆放电视机、沙发和家具，另一方面也可避免穿堂现象。比较理想的客厅是，整个空间十分独立，除了入口和阳台的推拉门外，无任何房门，使其几乎不受任何干扰。

客厅的面积一般在 20~50m² 之间，过大过小都要兼顾其他居室面积的均好性，以保持整体户型的和谐。

（2）起居室的联系

1）交通通道是关键

起居室相当于交通枢纽，起着联系卧室、厨房、卫生间、阳台等空间的作用。因此，在和各居室的联系中，交通通道的布局显得非常关键，既体现了各空间转换的便利与否，又考验着居室面积的有效使用程度。因此，看一个起居室的设置是否合理，重要的是看与其联系的交通通道，除了无法放置家具的显性交通通道外，更多的是设置在家具之间的隐性交通通道，而这些是决定一套居室有效使用率的关键。

2）动静分离是标志

动静分离是住宅舒适度的标志之一。像客厅、餐厅、厨房、次卫生间等都属于动区，人们出入、活动比较频繁，而卧室、书房、主卫生间等属于静区，人们相对比较安静。

现代住宅在动静处理上，一方面是"动更动，静更静"，比如，动区中客厅和餐厅、门厅错落分开，不在同一直线上，客厅朝南带休闲阳台，餐厅朝北带服务阳台，甚至抬高或降低几十厘米，造成落差，使起居室的布局更加活泼，而静区的卧室除了卫生间、衣帽间、阳台外，增加了书房甚至家庭起居室等居室；另一方面是动静分离更为明显，甚至只有一条交通通道联系两个区域，特别是跃层、错层和复式，一般下层为动区，上层为静区，楼梯是联系两个区域的交通通道。

在上述动静分离中，起居室的设置起着至关重要的作用。在动区和静区的比例上，有个简单的算法：三居室大致五五开；两居室大致六四开；一居室大致七三开。而动区中起居室与其他空间大致七三开，或者独立客厅与餐厅等其他空间大致四六开。

（3）次起居室空间的打造

1）次起居室是住宅规划的新宠

近些年，人们对住宅的消费逐渐从共性走向个性，但真正能满足个性化消费的是除去原有包括起居室和餐厅的主起居空间外，衍生出的次起居空间，包括：由会客厅、书房、计算机房等组成的工作空间；由健身房、阳光室、咖啡茶座等组成的休闲空间；以及由视听室、琴房、棋牌室组成的娱乐空间。住宅已不是人们传统意义上避风挡雨的处所，而是精神需求的物质载体，是自我价值观的一种体现。

2）居住空间模糊化是发展的趋势

模糊空间是指没有明确实用功能和界限的家居空间。很多时候，是利用户型中各功能分区交叉或者难以安排的位置进行设置，以方便更换。它一般是多元化的，或者是书房、计算机室所形成的工作空间，或者是健身、咖啡茶座、棋艺所形成的休闲娱乐空间。

模糊不同于混杂，前者将不同类型的功能集合在一个空间里，是较低级的居住模式，而后者是将同类型的功能相对集中，但分区模糊，使此空间和彼空间产生若即若离的联系，在有限的空间中尽可能多地容纳进无限的需求，是较高级的居住模式。

（4）注意居室面积的均好

均好性是户型匀称的标志，这一点，对于占了户型中主要面积的起居室显得非常重要。目前，国内基本延续了香港住宅"大厅小卧"的模式，而北方地区，在卧室的面积上进行了适当的放大。

（5）注意功能布局的可变性

住宅的使用期达 50～70 年，对客户而言，选择的户型尽量可以让同一购房群在不同年龄阶段、不同家庭结构期间，合理地根据自己的不同需求喜好进行改造和装修。而这一点，对于占据最大开间、最大面积的起居室显得非常重要。比如画家，生活中最主要的活动是绘画，而会客和看电视成了次要活动，因此，将起居室改成一个大画室成了居室装修的核心。

4. 服务篇

服务空间包括：阳台、储藏间、管道间和交通通道。

服务空间是居室中的次要空间。在户型布局上，服务空间对大面积的居室既是画龙点睛，又起着填充和缓冲的作用，因此所处的位置差异较大。在居住使用上，服务空间是提高生活质量、增强户型功能的重要补充。在住宅价值上，服务空间具有和居住空间同样的购买价格，因而在其取舍上显得至关重要。

服务空间功能规划如下（图 8-23）：

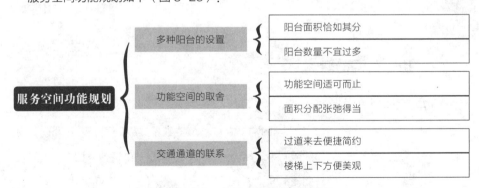

图 8-23　服务空间功能规划

（1）多种阳台的设置

1）阳台的面积恰如其分

阳台习惯称为平台或晒台，从基本功能上分为生活阳台和服务阳台，从建筑形式上分为凸阳台、凹阳台、转角阳台、组合阳台及屋顶阳台或露台等，而从封闭程度上又分为开放阳台、封闭阳台和阳光室等。

阳台是供居住者进行室内外活动、晾晒衣物、养殖花草、健身休闲等的生活空间，因此在面积上应当恰如其分。

生活阳台一般 6～8m²，放置健身器械、花花草草和休闲座椅已经足够了，再大就有些累赘，过多地占用室内空间不见得划算。目前流行两种组合阳台：一种是多角或弧形阳光室，侧面为敞开式外阳台，风和日丽，可以到外阳台凭栏远眺，风雨潇潇，则留在阳光室观赏，颇有滋味；另一种是内外双阳台，内侧为大面积落地玻璃，外侧为进深仅几十公分的敞开式阳台，这样既可以充分享受阳光、美景，又可以最大限度地压缩面积。

服务阳台的主要功能

服务阳台的主要功能是晾晒和储物，因而面积尽可能控制在 3～5m² 以内，如果增加洗衣、早餐、炒菜等功能，面积可以适当放大 2～3m²。

2）阳台的数量不宜过多

一般来说，一套户型拥有一个生活阳台和一个服务阳台也就足够了，如果居室多的可以再增加一个生活阳台，再多就有蛇足之嫌。通常，卧室外侧设置阳台会对采光产生遮挡，并且阳台上的悬挂和摆放，对室内的视觉多少会有影响。因此，提醒购买者在选择阳台多的户型时要仔细斟酌。

（2）功能空间的取舍

1）功能空间适可而止

功能空间的设置，有些是锦上添花的神来之笔，有些则是难以处理的建筑死角，是否实用，根据需要仔细选择。比如储藏间中的储物间，可以容纳家庭中各种杂物或日常用具，如果选用，能使家中保持整洁；而储藏间中的衣帽间，则是提高卧室档次的辅助空间。像配有独立洗浴间的工人房，最好拥有采光窗口，那种非人性的储藏间式设计，是不足取的。

住宅中各种管线大体上包括了水、暖、电气、煤气和通信等五大类，其中水系统又分为上水、下水和消防，在一些公寓中，又增加了热水、直饮水和中水等系统。因此，"设立集中管井，三表出户，隐藏和暗藏各种管道。"是现代住宅设计的原则，而管道间就成了户型中必备的空间。

08 详解户型

管道设置两个技术原则

管道设置两个技术原则：自家管道不到邻居家去，各种共用压力干管安装在户外。前者根据产权属性需要避免因管道渗漏等产生邻里矛盾，后者则是为了净化室内的竖向管道，提高厨卫等空间利用率。

2）面积分配张弛得当

由于各功能空间的功用不同，在面积的取舍上应根据情况有张有弛。像储物间和工人房，一般 3～4m^2 大致够用；而一个衣物成堆的女主人，有时 7～8m^2 的衣帽间未必能满足需要。

（3）交通通道的联系

1）过道来去便捷简约

过道是户型中联系各空间的交通通道，由于设计、房型和位置等原因，往往差异很大。有时为了保证户型的整体舒适度，采用动静分离；有时为了使各功能空间搭配合理，采用舍近求远等等，这些都会使过道占用面积偏多，因此，要仔细权衡。在目前住宅价格偏高的情况下，选择便捷简约的过道，降低户型总价，也不失为一种权宜之计。

2）楼梯上下方便美观

从功能上讲，作为垂直交通的工具，楼梯将层与层之间紧密地联系在一起，选择时，首先考虑的是上下是否方便。当然除了满足实用功能外，还应当作艺术品来对待，可以想象，先锋时尚的造型，推陈出新的材料，能使楼梯成为跃层中的点睛之笔。

避免面积挥霍

虽然功能性加强会使舒适度增加，但毕竟要占用套内面积，所以选择时要权衡轻重，尽量放弃那些可有可无的空间。像不需要佣人的家庭，工人房就成了摆设；懒得侍花弄草、健身休闲的人，一个阳台已经足够；而对于平常杂物和衣物都很少的夫妻来说，储物间和衣帽间或许可以合并。

操作程序

六、学会认识户型图

第一类户型：不规则户型

这是一个三房两厅两卫的户型图。在如图8-24的图纸中明确标示了餐厅、主卧室、厨房、起居室、卫生间、阳台的位置。数字代表实际布局空间的实际尺寸。通过此图，能准确看到卫生间三样的具体布局，主卧室单独配有一个卫生间，并带一个独立的阳台。阳台面积很大，足够 $7m^2$。餐厅与过道混为一体，面积比较大。并有贮藏室储藏杂物。整个户型不是一个传统方方正正图，而是通过一个进门过道将居住区域与会客厅区域连接的不规则图形。其中，主卧室面积 $4.6m×3.6m=16.56m^2$，客厅面积 $4.5m×4.2m=18.9m^2$。

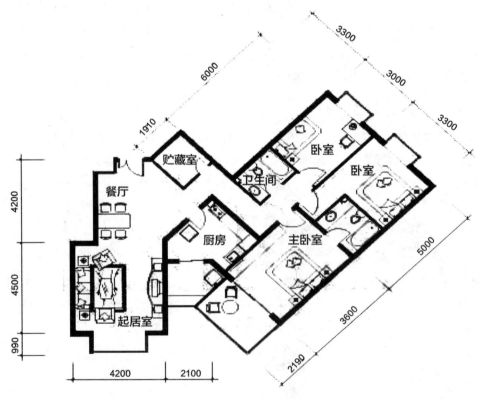

图 8-24　不规则户型

第二类户型：规则户型

如图 8-25，这是一个二房二厅一卫的户型，建筑面积 72.77m^2。进深 10.4m，开间 8.6m。两个卧室之间通过卫生间相连，共有一南一北两个阳台。房子方方正正，便于采光方便，而且没有死角，利用率高。

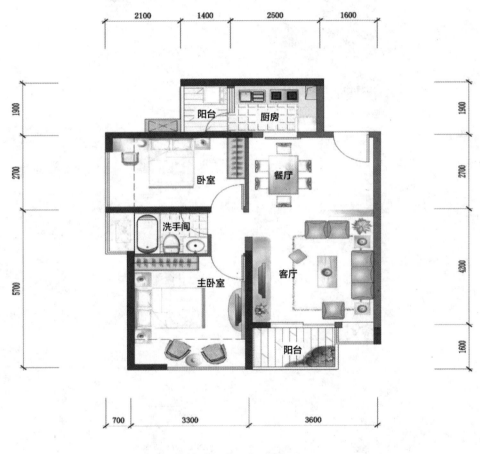

图 8-25 规则户型

新手知识总结与自我测验

总分：100 分

第一题：卫生间门对着厨房是否合适？为什么（20 分）

第二题：好户型的四大标准是什么？（20 分）

第三题：为什么要考虑户型的流线？（30 分）

思考题：怎么区分复式、跃层、错层户型？（30 分）

得分：　　　　　　　　　　签名：

住宅地产新兵入门 09

楼值鉴别
楼盘价值鉴别的思路

操作程序

一、新手判断住宅优良的基本知识
二、新手如何判定一个商铺的价值
三、商铺价值鉴别实操案例

本章使用指南　楼盘的价值判断是全方位、多层次的考虑——地理位置、规划设计、经济价值、物业管理、居住理念等。作为一个行业新手，慧眼识楼，第一眼能准确地判定一个楼盘的价值，是种必备的专业技能。

操作程序

一、新手判断住宅优良的基本知识

住宅是供家庭居住使用的建筑。住宅应该具备卧室、起居室、厨房、卫生间等基本生活空间，才能满足人基本的生活需求。住宅布置主要应考虑夏季防热和组织自然通风、导风入室的要求。同时还要考虑利于住户冬季日照、防寒、保温与防风沙的侵袭。住宅间距应以满足日照要求为基础，综合考虑采光、通风、消防、防灾、视觉、卫生等要求确定。无电梯住宅不应超过六层。住宅应布置在居住区内环境条件优越地地段。

地理位置优越，土地价格昂贵，建设成本也高，肯定是高品质的房子，但是，高品质的房子也就意味着高价格，对于一般的购房者未必是首选。大多数购房者看中的还是房子的发展潜力和升值空间。房地产运动的发展趋势也是逐步地从市中心向外延发展。这个时候，就需要我们综合各方面因素分析。

李嘉诚房地产成功经验

李嘉诚把房地产成功的关键总结为：地头、地头、还是地头。地头也就是地段，这已经成为地产界的黄金定律。

如果说，住宅本身是"硬件"，地段则是"软件"。传统的地段观念就是交通，很多早期的房地产商也把交通等同于地段的概念。随着购房住户要求越来越高，房地产业竞争的加剧。购房者对于地段的要求也在逐步提升，地段的隐身价值已经扩展到居住的舒适、房价的保值、投机的增值等各个方面。因此地段的内容涵盖交通、商业、休闲娱乐、医疗、体育、金融等设施。这个"软件"之所以重要，是因为购物房者并不是整天待在家里，而是要上班、要学习、要购物、要交往，要享受生活的方方面面。

地段本身所具有的各种价值，包括经济价值、文化价值、政治价值、历史价值等等。自住型购房者多半考虑的是前者；但是投资型购房者，后者中的经济价值，也就是商务氛围可能会成为重要的参考点。

09 楼值鉴别

1. 评价地段价值的9个标准

具体来说，可以从以下几个方面全面考量一个楼盘的地段价值（图9-1）。

图9-1 地段价值的9个标准

（1）是否有巨大潜力的区域规划

城市总体规划前景看好的位置，对于开发商与买家来讲，将是双方意向选择的锁定目标。市政规划，给该地段带来诸多利好因素与开发机遇，因而具有极强的市场吸引力。科学的规划，合理的布局，可以激发人们尚未迸发出来的购房欲望。对于一个区域来说，政府的规划关系到政府对这个区域的定位、发展方向与投资力度。在房地产业，一直有"路跟着规划走，开发跟着路走"的说法。

北京亦庄应该是目前本市优质规划的典型，除了有优质的产业支撑外，北京亦庄把齐备的水、电、气、暖等基础设施以及优美的园林绿化做在了土地开发之前，吸引了大批开发商和购房者，也为这个区域良性可持续性发展打下了坚实的基础。目前，北京亦庄在商业、餐饮、休闲娱乐配套等方面还不完善，但随着亦庄被确定为三个中心之一，将很快补齐这些缺口。相反，北京望京、万柳地区的先天优势要远远优于亦庄，但因为区域规划不到位，略显区域发展后劲不足。

再如，广州地铁沿线的楼盘因交通便利而身价倍显，同区段的商业区也会因此而兴旺发达，借势发展。具备卓越的商业眼光的人，早就瞄上了这些地方。科学地、多角度地分析和看待地段，有利于最大限度地开发和利用宝贵有限的土地资源，为天下人民提供工作、学习、生活和娱乐的场所。

同时，置业者也可从多方面选择物业。随着房地产市场的规范，房地产产品将在激烈的市场竞争中经受考验，善待地段，是开发商与置业者共同关注的一个焦点，因而必须慧眼

识别,权衡利弊,慎而行之。

(2)是否交通通畅

交通是城市有血脉,也是人们日常工作和生活必需的代表工具。路通,意味着发展。现代交通使得远距离变得近在咫尺,方便至极。交通便利,使楼盘直接受益,更使住户受益。

广州市一号地铁的开通,就使众多的消费者尽享其利,而地铁上盖物业更是如鱼得水,左右逢源,身价倍增,置业者频频光顾,销售行情显然渐好,开发商喜上眉梢。这都是交通环境改善带来的效益。

(3)是否有强大的产业支撑

优质的产业无论是对开发商,还是对购房者、投资者都具有强大的诱惑。比如CBD、中关村、金融街等楼市热点区域都具有良好的产业支撑,CBD有商贸业,中关村有高科技与教育产业,金融街有金融、保险业。另外,北京东部楼市因为中央电视台、北京电视台的进驻曾流行过一阵"传媒港"热,也是看中产业的魅力。

(4)是否有稀缺资源

许多事物的价值都在于它的稀缺性,地段也是一样,地段中是否有优质的稀缺资源对其是否有升值空间至关重要。在北京楼市的热点区域中,通州的轻轨,东直门的机场高速与使馆区,燕莎的高档酒店、高档写字楼及使馆区,海淀的名校,后海的旅游景点,太阳宫的低容积率与高绿化率等都是非常优质的稀缺资源。

"以绿色居住为导向"是太阳宫地区规划的出发点,区域中规划了158公顷的绿化带和公园,其中包括拥有14000m^2人工湖的太阳宫公园和以健身为主题的体育休闲公园,加上区域北部800~900m宽的高尔夫球场用地和即将整治的西坝河岸堤,绿化面积占到整体规划的60%,在整个北京的四环以内,目前已经找不到像太阳宫地区这样的绿化地块。

(5)是否有高知名度的品牌开发商

优势的品牌开发商是一个良好的区域规划能否实现的重要条件,另外,它还将带动其他开发商提高区域开发品质。良乡作为北京"多中心"的中心城镇之一,过去几年因为缺乏一定规模的高品质项目,房山区略显沉寂。然而,在江浙沪区域享有极高品牌知名度的绿城集团无疑是为房山地产开了个好头。随着绿城集团在房山开发的进京第一个项目百万平方米大盘——绿城百合公寓问世以来,受到市场的热烈追捧,预示房山房地产开发热潮的到来。

（6）是否有优质的人群素质

除了以上这些硬件，人群素质、区域文化、历史底蕴等软件对地段价值越来越重要。北京亦庄发展后劲儿大其中一个重要原因就是它的区域人群素质较高而且比较齐整。任何地段、任何项目都没有十全十美的，但如果要想保值增值至少要有上述一项核心区域优势。

在北京地区，太阳宫、通州、亦庄、香山地区等都是比较公认的具备保值、升值空间的区域。

（7）是否属于群体楼盘

相邻的地段上，定位大致相近的住宅，能给购房者以更多的选择。例如，位于广州番禺的广州碧桂园、丽江花园、祈福新村、广州奥林匹克花园等定位相近或相距不远的楼盘，只要有其中一个楼盘在售楼，看楼者会顺带一起看，互相作参照物比较，慎重抉择，优而选之，各取所需。一个楼盘作广告，其他楼盘亦沾光。又比如，广州市海珠区大盘光大花园推盘，广告一出，附近的富泽园、金沙花园等趁势兜售自己的产品，借他人之势，销自己产品，不亦乐乎。这就是相邻相近带来的区位效应，也称为楼盘的群体效应。

（8）是否处于有利的行业位置

在不同的地方区域，有不同的行业口岸，并拥有数量相当的与行业密切相关的群体，其中有很多人为了上班方便，都希望在附近选择住房，这样便形成"行业位置"。比如，某一地段集中了较密集的写字楼，其附近的住宅则势必畅销。而作为一个公司或单位，则会考虑如何就近解决内部员工的住宅问题，而附近的楼盘则具有被需求者选择的可能。

（9）是否关注潮流与时尚

观念改变，对地段的看法和认识就显然不同。例如，广州市最早的房地产开发的好位置在老城区的热闹地带，后来城市中心东移，转向天河一带，以后又在江景、山景、园景上做文章，兴起一股郊盘热、体育热、休闲热等，这一切都说明了人们对楼盘位置发生了观念和认识上的转变。人们为了追求功能需要或品牌需要，可以不计较位置。这种转变，实际上代表了一种潮流，一种趋向。

2. 评价建筑外观的三个指标

一个楼盘中的建筑外观是什么形状的，直接影响到整个楼盘的销售，就这是楼盘的造型。当人们对一座建筑物进行评价时，往往套用"高档"、"气派"、"豪华"等词语去表达，但这些并不是对这座建筑物的准确性表达。实际上，建筑外观基本的构成要素为建筑比例、色彩、材质、形状等（图9-2）。建筑外观离不开这些元素。

图 9-2　建筑外观的 3 个指标

（1）建筑比例为购房者判断小区是否拥挤提供依据

一个小区的建筑比例会给一个购买者第一印象，购房者会根据建筑比例很快判定这个小区是否拥挤和压抑。建筑比例匀称将会大大提高住户的舒适度。

（2）建筑材质反映出建筑的质感

建筑材质能反映出一个建筑的质感。现代建筑运用当代的高科技成就，采用雕塑和夸张的形式、光亮技术、银色美学等方法。一般来说，高强度的铝、镜面玻璃、昂贵的工业材料，能在建筑的外观与光线的映衬下，体现出很好的质感。新材料中的硬铝或合金材料，对建筑外观的表现，夸张、暴露，让建筑充满了粗犷和高贵；而鲜艳颜色与新材料的结合，往往充满浓烈的表现欲望和识别意识。它们将现代美和机器美赋予进去，让住户感觉生活的品质和尊贵荣誉。

（3）建筑形状是否满足人们一定的情感需求

建筑形状会让购买者产生亲近、反感、尊荣等不同情绪的变化。一个整体外形卡通或者拥有跳跃元素，或者深处藏幽小品的楼盘相对容易拉近和人之间的距离。一些建筑简单立放，门、窗、单元出口雷同，墙面漏缝、施工后残破墙面等楼盘很容易打消购房者的购买欲望。

整个小区小高层加高层，高层加多层群体和只有高层的效果是不一样的。纯的高层小区更显尊贵。

3. 室内平面布局的 6 个重点

（1）客厅布局

客厅布局要记住如下四个要点（图9-3）。

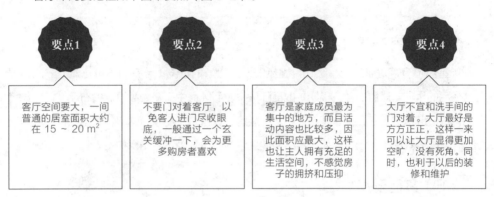

图 9-3　客厅布局四大要点

（2）餐厅布局

餐厅布局讲究功能分开、动线相邻、格调统一（图9-4）。

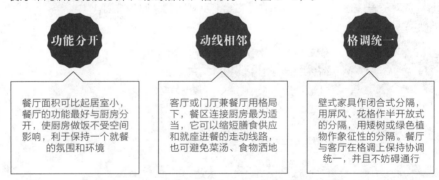

图 9-4　餐厅布局的三大要点

（3）厨房布局

厨房通常只有少数人员同时使用。布置厨房应根据厨房的面积，使用的灶具、锅碗瓢盆等情况，以及水龙头的位置等精心筹划出一个通盘的方案。

厨房布局要点

灶具应放置在避免被风直吹的地方，烹调台应布置在水池与灶具之间。碗橱等应采用多用橱、悬挂柜，这样节省占地面积，贮存的器具和食品又多，可使厨房显得整齐。

（4）卫生间布局

卫生间只要能容纳必要的设备和少量活动空间即可满足需求。卫生间的门不对着大厅。卫生间是家庭中进行个人卫生的常用场所，不要过于暴露，尽量综合从实用性、利用率角度布置。

（5）卧室布局

卧室门不可直对厨房门，防止其湿热气与卧房门相对流；卧室门不可正对卫浴间，因为沐浴后的水气与厕所的氨气极易扩散至卧房中，而卧房中又多为吸湿气的布品，将令环境更为潮湿；卧房门不宜正对储藏室之门，储藏室多有霉气、易藏污纳垢；卧室门也不应两两相对，这样卧室的主人经常碰面，容易造成生活的尴尬，也不利于保护主人私密性原则。

（6）其他要点

看一个房子的品质除了上面这些基本生活区的布局外，还要考虑房子的采光日照、通风等相关要求。遮风避雨、抵御寒暑几乎是一切建筑空间所必备的条件，某些特定的空间有防尘、防震、恒温、恒湿等特殊要求，这些特殊要求主要是通过机械设备和特殊的构造方法来保证；而对于一般建筑而言，空间的质主要涉及开窗和朝向等方面。

经典户型的共同特点

南北完全对流，进深小；客厅与餐厅功能分区明确，动静合宜，视觉畅通，但不干扰；餐厅与厨房近且明亮，就餐方便舒适；最好有一个大露台，可以欣赏更多风景和光照。这可以作为一个很好的参考。

4. 提升配套设施、生活环境的辅助价值

现在生活逐步回归自然，人们在紧张之余希望放松，远离冰冷的办公场所，逃离水泥和钢筋堆砌的建筑，以调整情绪和减压。因此，认识辅助"硬件"的价值，如小区人员综合素养、生活配套设施、成熟的社区物业管理、赏心悦目且沁人心脾的美景等等，对于正确认识楼盘的真正价值至关重要。

现在的人不仅仅是买一个房子，实际上也是在买一系列的相应服务。好的物业能认真负责地担当起"管家"的角色，银行、邮局等公共设施代表着各界对该楼盘区域的认同程度。

还得看小区是否有幼儿园和小学，如果连幼儿园都没有，现在的人宁愿换到一个更差

的楼盘,也不会耽误孩子的幸福。公共绿地是必需的,充足的公用空间和别具匠心的建筑小品表现出开发商的用心,这些细节很容易拉近和购买者之间的亲近感。健康和舒适是人们对生活的追求,因此建造健身小区、健身房、休闲娱乐场所会吸引高品质的住户,也能反映出开发商对该楼盘的信心。

知名的连锁超市,类似沃尔玛、7-11、家乐福是否在周围进驻,知名的药店、洗衣店等是否大举进入也是判断楼盘价值的一个积极信号,因为他们在圈地之前经过科学论证和信息搜集,可能相对更加科学。

配套设施和生活环境是吸引客户的重要因素

如今流行的亲山、亲水、生态楼盘,自然备受买家追捧和青睐。例如,位于白云山脚下的白云堡,依山傍水风景秀丽、空气清新,环境优美,并辅以体育设施增强卖点,号称"羊城空中有座体育城",吸引了情有独钟的客人。

常用的公共服务设施如表9-1所示。

常用的公共服务设施　　　　　　　　　　　　　　　　　表 9-1

教育项目	托儿所、幼儿园、小学、中学
医疗卫生项目	医院、门诊所、卫生站、护理院
文化体育项目	文化活动中心(站)、居民运动场馆、民健身设施
商业服务项目	综合食品店、综合百货店、餐饮店、西药店、书店、便民店等
金融邮电项目	银行、储蓄所、电信支局、邮电所
社区服务项目	居委会、社区服务中心、治安联防站、居委会等
市政公用项目	供热站或热交换站、变电室、开闭所、路灯配电室、燃气调压站、高压水泵房、公共厕所、垃圾转运站、垃圾收集点、居民停车场(库)、消防站、燃料供应站等
行政管理及其他项目	街道办事处、市政管理所、派出所、防空地下室等

二、新手如何判定一个商铺的价值

这里谈的商铺是个大商业场所的概念,既包括商业店铺也包括各种商务办公场所。传统的判定标准是地段位于繁华地带,交通方便,距其他业务单位、金融机构近,方便业务上的联系。今天,越来越多的人意识到商铺的价值更注重所在地域对商业服务的需求以及这种需求是否还在增长与增长幅度的大小。合理判定一个商铺的价值需要综合考虑许多因素(图9-5)。

图9-5 商铺5大价值分析系统

1. 规划是"指财针"

规划一般指导地产开发资本的流向,所以说是"指财针"。商铺的价值在于人流,而政府层面的规划往往关系到人流的走向。对规划的预判和信息搜集,往往让我们对商铺价值的判断更加理性。很多顾客都认为,只要是"黄金路口"都一定赚钱,新手切忌不可跟风。

一个城市,有时遇到市政规划变动,热闹的地段也有可能变成冷僻之地,这是常有的事。新开发的区域是否具备投资潜力,旧城区是否有地段要进行旧城改造,这都与政府的市政规划密切相关。忽略规划,盲目投资于容易拆迁的"危险"地带,将会导致商铺价值大打折扣。

不同经营类别的选址特点

如果经营的是日化、副食等快速消费品,就要选择在居民区或社区附近;如果经营的是家具、电器等耐用消费品,就要选择在交通便利的区域;如果经营的是服装,则需要在人流量大的商业街选址。

2. 交通是"鹰眼"

交通便利，这肯定是一个卖点。怎么便利？公交网络站点多，地铁、城铁接入，这些都是重要因素。但是，要注意一些细节。很多城市在一些主要街道会设置交通管制，例如单向通行、限制车辆种类、限制通行时间等，店铺选址应该避免这些地方。店铺门前还要有适合停放车辆的位置。

此外，也尽量不要在道路中间设有隔离栏的街道开店，因为这样会限制对面的人流过来。交通方便是选择店铺位置的条件之一，店铺附近最好有公交车站点，以及为出租车提供的上下车站等。

3. 功能布局是"核心"

商业建筑外部足够的开放空间和功能布局，将会吸引更多的人流长时间逗留。它包括广场、庭院、步行街、柱廊、露台等。这些空间会成为人们休息、过往的重要场所，也会成为商家组织各种活动、促销、文化娱乐的阵地，这些都有可能能为吸引人流的潜在指标。

常见的大型商业广场是一种公私相接、内外交融的空间，给休憩、停留和聚会以及某些社会活动提供适宜的环境和场所。大型的广场可以通过地下道、步行街等方式与周围的建筑衔接，有助于解决人流疏散问题。

多数商场建筑中庭还作为交通枢纽。中庭设置自动扶梯和观景电梯。中庭四周是多层的商业街，商业街串联商店，而商店外围是库房，通过步行街可能又与另外一个中庭沟通，另外一个中庭又是上述内容的重复，如此周而复始，构成连续的购物环境。

在功能布局中，我们不可忽略的是：功能的细节关怀往往会对人们内心产生很强的效果反应，并刺激其购买欲望。

4. 客流是"钱流"

通常情况下，大多数店铺会选择在人流量比较大的街区，特别是当地商业活动比较频繁、商业设施比较密集的成熟商圈。"客流"就是"钱流"，人有扎堆现象，你可能会发现有的商场忙不可能，有的却门庭冷清，入不敷出。

一般来说，居民聚集、人口集中的地区、文化中心区、政策中心区都会有较大的人流，而居民较少和居民增长较慢的地区商铺价值明显较差。北京的北区天通苑小区居住几十万人口，这些人口的消费一下子带动了周围的商业环境改善和发展。从以前的一个偏僻的无商人

问津的区域变成商家觊觎和竞争激烈的地方。

5. 地段是"黄金"

地段是店铺经营必谈的因素。为什么麦当劳开店开一个火一个？很多人做过研究，基本上麦当劳选店址都是在一些四通八达的路口或下天桥、离地铁不远的地方。一般规则是，室外的要尽量从店铺的位置和朝向分析。如两端交通顺畅、往来人流较多的街道，而不是拐弯抹角的"死胡同"位置；同样一条街道的两侧，由于行人的走向习惯会使客流量不一定相同，因此观察客流的方向也很有必要。需要提醒的是，长途汽车站和火车站等地人流很大，但客流速度也很快，绝大多数人的目的不是购物，滞留时间较短，这些地方价值，需要慎重判断。

室内的位置选择的基本原则

室内的位置选择的基本原则之一就是通畅，也就是客户容易到达，尽量靠近楼梯口。层数不要太高。还有就是显眼，采光效果要好。除此之外，还可以根据目标消费人群，以及过往人群质量，客户经营主体等不同因素分析。

三、商铺价值鉴别实操案例

1. 成功个案

王先生住在某大型小区，该小区去年 6 月发售多间 40～60m² 投资型商铺，均价为 1.3 万～1.5 万元/m²。这批商铺有独立产权，客户可自由经营。王先生看中的商铺有九成实用率，8m 超宽的店铺门面，面积 47m²，总价 70.5 万元。经过一番考虑，王先生决定买下这间商铺，他采用银行按揭方式，首付款 35 万元，剩下做 10 年银行按揭，月供 3000 元左右。两个月后，王先生将铺位出租给某保健用品店，首年租金为 4300 元/月，投资回报 7.3%。不久该盘再次推出一批商铺，均价已经上升到 2.6 万元 /m^2。

2. 失败个案

张先生几年前在某大型楼盘裙楼二层买了一间小铺，约 16m^2，总价 25 万元。当时该楼房大街两旁有多个住宅小区，居住条件成熟，居民购买力日益壮大，商业气氛渐浓。而且，当时周围区域商场稀少，张先生看好该铺的升值潜力。张先生该年年底以 1000 元租给了一家饰品店，年递增按市场情况再决定。本来投资回报不错，但好景不长，整个商场的经营出现问题，二层空置率越来越高，张先生于是萌生转让的念头，但该铺一直难以出手。望铺兴叹的张先生还得交每月 12 元 /m^2 的物业管理费。

3. 案件分析

两个商铺投资案例中，投资者可从中分析商铺投资、经营方式，如何规避风险等问题。就楼市环境而言，整体环境良好，小区商铺回报率升高，升值空间也越大；从楼盘自身的角度来讲，各大小区居住氛围日渐成熟，入住率越来越高，小区配套不断完善：这些都使得小区商铺成为近期的投资热点，受到越来越多的买家关注。

同是投资小区商铺，为何王先生的商铺升值不少，而张先生的却难以维系、甚至无法脱手？一般来说，小区商铺能否做旺主要取决于地点、人流状况及消费群的消费水平。

在失败案例中，裙楼商铺尽管同样有这个注重点，但更重要的是需要整个裙楼商场经营主题或裙楼商场内品牌店的带动，受制约的因素往往比单纯的小区商铺多。张先生的裙楼商铺更多是依附于其所在裙楼商场的经营状况，如果商场经营不善，场子做不旺，商铺就会越来越淡，甚至"活"不下去。

在成功案例中，王先生所在小区的商铺独立经营，是楼盘的生活配套，由于小区居民本身的消费力已经不低，而且周边可消费的地方也不多，于是吸引了区内区外的居民前来消费。

新手知识总结与自我测验

总分:100 分

第一题:至少写出评断地段价值四个关键要素。(5 分/个,共 20 分)

第二题:餐厅不独立会对住宅产生什么影响(20 分)

第三题:投资商铺和住宅的前景如何?为什么?(30 分)

思考题:如何评价一个商铺的价值?写出您的思路。(30 分)

得分: 签名:

住宅地产新兵入门 10

论战营销
房地产开发策划流程

操作程序

一、可行性研究
二、市场调研
三、前期策划
四、营销策划
五、销售组织
六、销售执行

本章使用指南

本章从房地产项目的开发流程入手，按照可执行性研究、市场调研、前期策划、营销策划、销售组织、营销执行等6个阶段分解房地产项目开发程序，为房地产开发每个阶段的工作提供实操性极强的示范性方案，具有极高的参考价值。

一、可行性研究

可行性研究的根本目的是实现项目决策的科学化、民主化，减少或避免投资决策的失误，提高项目开发建设的经济、社会和环境效益。

1. 房地产可行性研究的内容

房地产可行性研究是个系统工程，其工作内容繁琐，总结起来，可以用常规的可行性研究报告的大纲来说明，可行性研究的内容如表 10-1。

房地产可行性研究的内容　　　　　　　　　　　　　　　表 10-1

序号	内容
1	项目概况
2	开发项目用地的现场调查及动迁安置
3	市场分析和建设规模的确定
4	规划设计影响和环境保护
5	资源供给
6	环境影响和环境保护
7	项目开发组织机构、管理费用的研究
8	开发建设计划
9	项目经济及社会效益分析
10	结论及建议

2. 房地产可行性研究的工作阶段

（1）投资机会研究阶段

该阶段的主要任务是对投资项目或投资方向提出建议，即在一定的地区和部门内，以自然资源和市场的调查预测为基础，寻找最有利的投资机会。

投资机会研究相当粗略,主要依靠笼统的估计而不是依靠详细的分析。该阶段投资估算的精确度为±30%,研究费用一般占总投资的0.2%~0.8%。如果机会研究认为可行的,就可以进行下一阶段的工作。

(2)初步可行性研究

初步可行性研究,亦称"预可行性研究"。在机会研究的基础上,进一步对项目建设的可能性与潜在效益进行论证分析。初步可行性研究阶段投资估算精度可达±20%,所需费用约占总投资的0.25%~1.5%。

(3)详细可行性研究

详细可行性研究,即通常所说的可行性研究。详细可行性研究是开发建设项目投资决策的基础,是在分析项目在技术上、财务上、经济上的可行性后作出投资与否决策的关键步骤。

这一阶段对建设投资估算的精度在±10%,所需费用,小型项目约占投资的1.0%~3.0%,大型复杂的工程约占0.2%~1.0%。

(4)项目的评估和决策

按照国家有关规定,对于大中型和限额以上的项目及重要的小型项目,必须经有权审批单位委托有资格的咨询评估单位就项目可行性研究报告进行评估论证。未经评估的建设项目,任何单位不准审批,更不准组织建设。

3. 房地产开发可行性研究的5个步骤

可行性研究按5个步骤进行:

第一步:接受委托;

第二步:调查研究;

第三步:方案选择与优化;

第四步:财务评价和国民经济评价;

第五步:编制可行性研究报告。

可行性报告如何利用

可行性研究报告是从经济角度评估项目的可行程度。在这个过程中,开发商应该针对地块的资源、市场现状模拟出几套方案,并针对这几套开发方案进行经济评测,从技术可行性、经济可行性、市场可行性、社会效益可行性等几个方面对地块的开发方案进行全面评估,并根据评估,选择最有经济价值的方案。

4. 可行性研究报告的基本框架图

可行性研究报告的基本框架如图 10-1 所示。

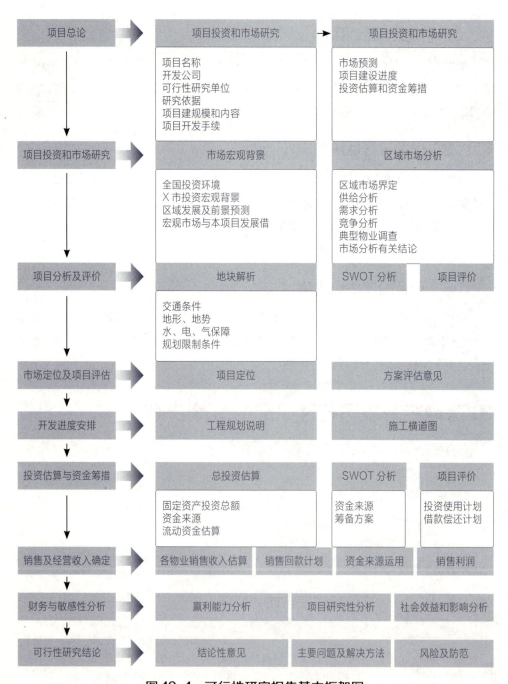

图 10-1　可行性研究报告基本框架图

二、市场调研

1. 房地产市场调研的主要阶段

（1）项目前期阶段

1）市场资讯服务

基于对市场政策、项目信息等的长期跟踪，以及长期积累的数万文档资料，我们可以提供针对不同区域市场、不同物业市场的信息资讯报告，内容包括市场环境、政策环境分析，包括市场规模、产品特征、消费习惯等的发展历史、现状与发展预测。

2）竞争环境调查

竞争环境调查是地产项目进行前期调研的核心工作之一。竞争环境分析主要包括两方面的内容，一部分为总体市场分析，一部分为主要竞争项目分析。总体市场分析涉及相关物业的供需总量、供需结构、产品特征、区域特征等内容；主要竞争项目主要包括现在、潜在重要竞争对手状况详细调查分析，包括背景、环境、产品、销售等方面。

（2）项目定位阶段

1）消费需求特征分析

通过整理原有消费者资料，或者通过问卷、访谈等调查等方式，了解不同消费者对购买、使用产品的看法，在选择细分市场后为项目的产品定位提供第一手资料，也可以直接指导营销策略制定。同时消费者需求特征分析也是项目进行市场细分及为项目选择最有价值目标市场的重要方式之一，经常与消费行为特征结合使用。

2）消费行为特征研究

消费者行为特征研究主要了解消费者的购买行为、消费心理、消费观念、习惯与态度等，包括客户在购买项目前的决策过程、考虑时间、考虑因素、消费水平，购买之后的使用方式、使用习惯，以及对产品价值评价等方方面面情况，它是市场细分、项目定位、营销推广、销售诊断等活动决策基础。

3）产品价格研究

价格确定是项目发展策略的重要环节，也是项目最重要营销策略之一。房地产项目的

价格确定是一个比较复杂的过程，除了考虑成本、市场竞争之外，还必须考虑目标客户群价值认知以及对价格的接受能力等，因此价格研究在市场调查中是非常重要的内容。根据价格研究结论，可以提供差别定价、产品线性定价、非线性定价等策略建议。

4）市场细分与市场空间价值判断

没有任何产品会适合每一个消费者，也没有任何一个房地产企业能够获得整个市场，企业必须找到它所能最好满足的市场部分，针对此部分市场，开发适销对路的产品组织营销活动。基于市场竞争环境分析的基础上，更深入地分析市场结构，从区域层面、业态层面、产品层面、客户特征、客户需求层面等多个维度定义市场，并分析探测不同层面的市场供需情况以及对其未来发展潜力进行预测，从而理解市场层次构成与容量。

房地产市场细分是根据开发企业与项目本身特点，选择合适的维度进行市场层次分析，并判断不同层次市场容量与竞争烈度，从而为选择项目发展方向打好基础。市场空间价值判断是在划分不同细分市场的基础上，考虑消费者消费特征，结合项目的自身条件，对各个细分市场进行评估，找到对企业价值最大的市场空间。常用的分析方法包括比较法、排除法。

（3）产品方案阶段

1）产品需求研究

房地产项目的调查研究的核心内容就是对产品的需求调查，通过定性和定量相结合的调查方式，能够获得包括楼型选择、户型设计、通风设施、朝向选择、园林景观、功能间的分割、车位设计、进深、面宽等所有与产品有关的方方面面，都可以通过市场调研得到有益结论。尤其是客户价值认知、客户产品需求、客户承受能力之间的关系研究，更是项目决策基础。通常与消费需求特征研究结合使用。

2）产品特征、价值、价格关系研究

对于一个地产项目，客户在项目选择、项目比较时关注的因素都有哪些，其中哪些因素是决定客户购买的关键因素呢？围绕产品特征属性、价值属性以及定价原则，通过消费者调研，结合统计分析技术，可以找到影响客户行为的关键产品属性，也就是确定消费者更愿意为产品的什么特征来付费。通过产品特征、价值、价格关系研究，一方面我们能够明确定义各个影响因素对于客户购买的影响程度；另一方面我们可以通过模型模拟出企业可能采取的多种产品组合中利润最大的产品特征组合。为企业产品定价、营销推广提供支持。

3）产品竞争力分析

对于每位经营者，都对自己生产的产品有所偏爱，很难发现其缺点和不足。产品竞争力分析通过展示消费者对产品的评价，突出产品的优劣点，让经营者更客观地了解产品在市

场上的表现。产品竞争力分析能够展示某一产品相对重要性的强势和弱势，发现需要立即引起注意的方面（核心优势区）或者需要立即改进补救的方面（威胁区），从而为将要实施的营销计划提供指南。可以采用产品竞争力矩阵的分析模型。

（4）市场营销阶段

广告是传递产品信息给消费者最重要的形式，它是促使消费者购买行为发生的主要因素之一，因此产品广告的成功与否直接关系到项目的成功。我们可以对地产广告进行以下方面的研究：

1）媒体渠道选择

通过对目标客户群的调查，选择最有效媒体渠道。

2）广告文案测试

广告文案能否把产品的意图正确地传达给消费者，并向消费者心理作强有力的诉求，提升对广告产品的评价，引起购买欲望，必须用科学的方法加以测定。测试指标包括传达力和说服力。

3）广告效果跟踪

广告投放到市场上之后，效果如何就必须进行跟踪研究才能获得。广告跟踪研究作用见图10-2。

图 10-2

4）广告效果研究

广告效果评估实际就是评定广告的效力。广告效果一般分为销售效果和广告本身效果，广告是促进产品销售的一种手段，产品销售情况的好坏直接判定广告效果，也就是广告的销售效果。所谓广告本身的效果，是以广告的收视、收听率、产品知名度等间接促进产品销售的因素为根据。房地产广告效果评估一般把广告的销售效果和本身的效果相结合，进行评估广告效果的成功与否。评定广告效果的方法，可以分为事前测定法、同时测定法、事后测定法三种。

（5）项目跟踪阶段

1）顾客满意度调查

顾客满意度研究就是通过对影响顾客满意度的因素进行分析，发现影响顾客满意度的因素、顾客满意度及顾客消费行为三者的关系，从而通过最优化成本有效地提升影响顾客满意度的关键因素以达到满足消费者需求，建立公众信誉度和品牌形象，创造良好口碑，提升企业的竞争能力与盈利能力。对于房地产开发商来讲，要想持续发展和取得良好的销售业绩就必须有良好的口碑支撑，项目销售完成之后，应该考虑如何为后期项目或下一个新的项目打下良好的基础。通过业主对前期产品及服务的满意度研究，找出产品及服务的优缺点，在后期项目的产品设计和服务中尽量扬长避短，以保证在以后的开发中取得更好的业绩。

2）项目社会价值分析

项目社会价值分析主要是对包括顾客、业内人士、其他关联人士的调查，了解其对项目本身、项目开发过程、项目影响等多方面的评价，从而评价项目特征、项目过程等不同因素对企业品牌建立的影响，为后续开发提供经验教训。项目社会价值分析经常与顾客满意度调查结合使用，以协助企业品牌建设。

3）品牌形象研究

通过对相关社会群体调查，采用对应、对比、百分比、价值分析等方式，分析项目或者企业品牌形象，为企业营销以及后续项目选择提供指导。

2. 房地产调研基本流程图

房地产调研基本流程如图10-3所示。

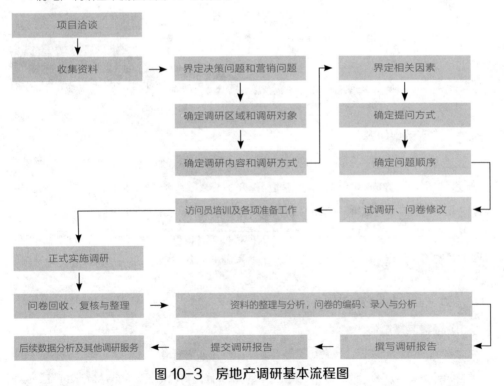

图10-3　房地产调研基本流程图

10 论战营销

操作程序

三、前期策划

1.SWOT 分析法与 DSTP 模式

（1）SWOT 分析法

项目 SWOT 分析的任务是分析项目各项资源及可利用程度。SWOT 分析一般分为优势、劣势、机会点及威胁点分析。在这一阶段，开发商应该根据项目的资源及 SWOT 分析确定项目资源的可利用程度，确保项目的各项资源优势得到充分的利用。

所谓 SWOT 分析法，也被称为态势分析法，是运用系统分析的思想，把各种因素相互匹配起来加以分析，从中得出一系列相应的结论（对策）。运用这种方法，有利于市场竞争参与者对所处环境进行全面、系统、准确的分析，借此制订相应的市场对策，提高市场竞争力。SWOT 分析法能够较客观而准确地分析和研究一个项目现实情况，是市场竞争分析的常用方法。

就一个房地产项目而言，SWOT 分析法分为四个因素：内部优势因素（Strengths）、劣势因素 (Weaknesses)、外部环境中的机会因素 (Opportunities)、威胁因素 (Threats)（图 10-4）。

内部优势因素（Strengths）	劣势因素 (Weaknesses)
项目与竞争对手相比在某些方面所具有的对方不可模仿的独特能力或竞争力	项目与竞争对手相比在某些方面的缺点或不足
机会因素 (Opportunities)	威胁因素 (Threats)
外部环境变化趋势对该项目产品营销起积极的正向作用的方面，若能把握和利用机会因素可以增强项目竞争优势	外部环境变化趋势对该项目产品营销不利的、消极的方面，若不能回避或处理这些威胁因素会损伤项目在市场竞争中的优势

图 10-4　SWOT 分析模式

（2）DSTP 模式——增值策划模式的理论核心

DSTP 模式是通过分析住户需求，细分市场，选择适当的目标市场，为自己产品进行价值定位，从而达到尽可能多地确保开发商最佳经济效益的目的。

1）需求

是指消费者有能力购买且愿意购买的某个具体产品的欲望。

2）细分

指市场细分，根据住户对产品的需要差异，把整个房地产市场分割为若干个子市场的分类过程。

3）目标

指开发商对市场细分后，确定自己的产品所要进入的领域。

4）定位

指策划机构为目标项目设计出自己的产品和形象，从而在目标用户中确定与众不同的有价值的地位。

2. 房地产项目前期策划的一般流程

房地产前期策划包含了定位策划以及产品策划两个部分。

定位策划包含项目市场定位、项目开发原创概念定位、项目产品初步定位、项目开发核心定位、项目产品形态定位等几方面的工作内容（图10-5）。

产品策划包括项目总体规划理念策划、景观规划理念策划、建筑规划理念策划、公建配套规划理念策划等内容（图10-6）。

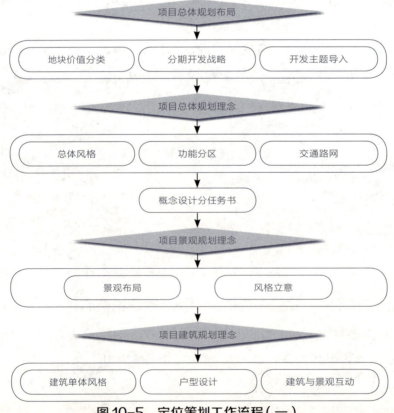

图10-5　定位策划工作流程（一）

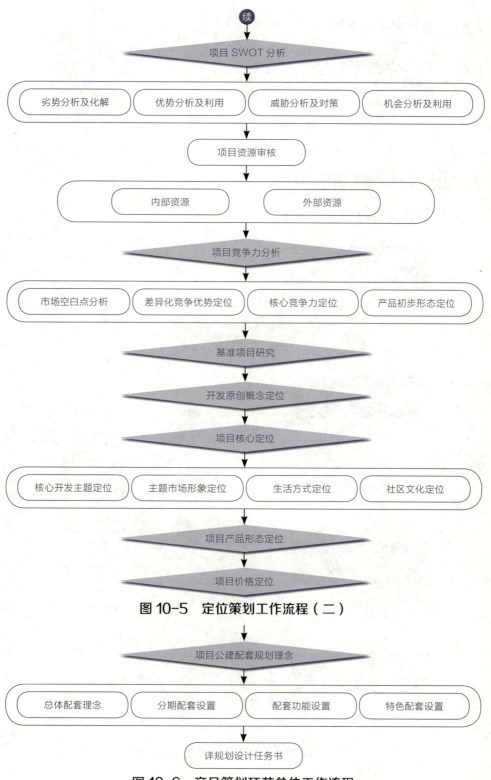

图 10-5 定位策划工作流程（二）

图 10-6 产品策划环节总体工作流程

四、营销策划

1. 项目营销策划总流程

项目营销策划流程如图 10-7 所示。

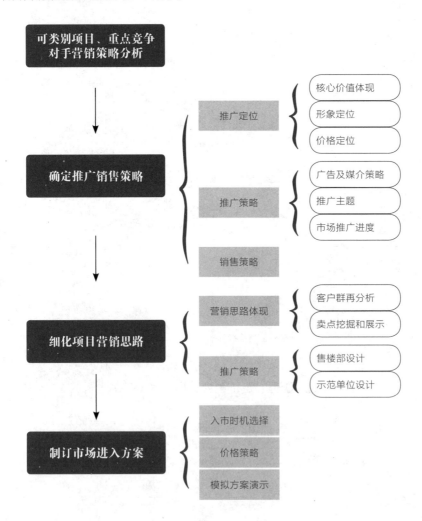

图 10-7 项目营销策划总流程设计图

2. 项目营销策划的主要内容

项目营销策划的主要内容见表 10-2。

项目营销策划的主要内容　　　　　　　　　　　　　　　　　　　表 10-2

主要内容	关键节点	细化内容
类别项目分析与市场渗透	重点竞争对手的营销及客户构成，寻找可以为项目充分利用的机会点；营销人员市场渗透，感知市场，寻找和锁定有潜力的目标客户群	
制订营销和推广策略	销售定位	项目销售形象定位及策划
		项目销售价格定位及调整方案
		项目销售的工程形象、物管介入及核心价值体现计划
	推广策略	广告及媒介策略
		市场推广计划的方案及时间表
		宣传推广的主题及相应的表现形象
项目营销执行方案	营销卖场的营造	销售卖场的设计包装
		项目周边环境包装
		示范单位或样板楼的设计与包装
		项目工程、工地形象的设计与包装
		项目核心价值的体现与包装
	营销方案的执行	项目理解
		卖点提炼
		客户群再分析及锁定
		项目销售物料的准备
		各类促销活动、事件营销的准备
		项目销售计划及阶段目标的制订
	营销团队的重组	在初步市场渗透后，调整人员状态
		在市场渗透等前期工作结束，重新评估目标客户

续表

主要内容	关键节点	细化内容
项目营销执行方案	营销团队的重组	营销人员对市场和项目的重新认识及检讨
		营销人员的售前培训，强化垂直营销和情感营销
		营销人员销售奖惩制度的颁布及小组的重新划分
	制订入市方案	入市时机的把握
		价格策略及备选价格方案的准备
		紧急事件预处理或公关危机处理方案
		营销造势方案的准备
		营销人员控制与管理方案的准备
		相关协作部门人员配备及物料准备
		行销与坐销计划的准备

3. 项目营销计划的制订步骤

项目营销计划的制订步骤如图10-8所示。

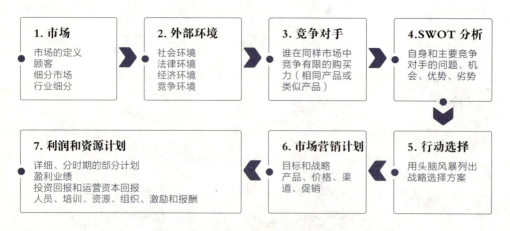

图10-8　项目营销计划的制订步骤

五、销售组织

销售组织一方面是指销售系统的组织架构，另一方面是指有计划性的日常销售工作，其中包括销售培训、制订销售计划、进行销售总结等工作。在一切条件具备的前提下，在销售原则及销售策略明确的情况下，销售组织是促成交易的重要环节。

这里我们需要强调的是：一个好的销售计划即使每月进行了好的销售组织安排和指导，但没有严格的销售计划追踪和过程监控就不可能得到有效落实。

1. 销售团队组织架构图

销售团队组织架构如图10-9所示。

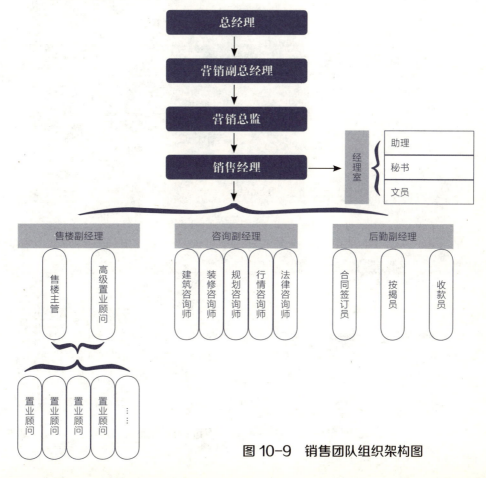

图10-9 销售团队组织架构图

2. 销售人员招聘选拔流程图

销售人员招聘选拔流程如图 10-10 所示。

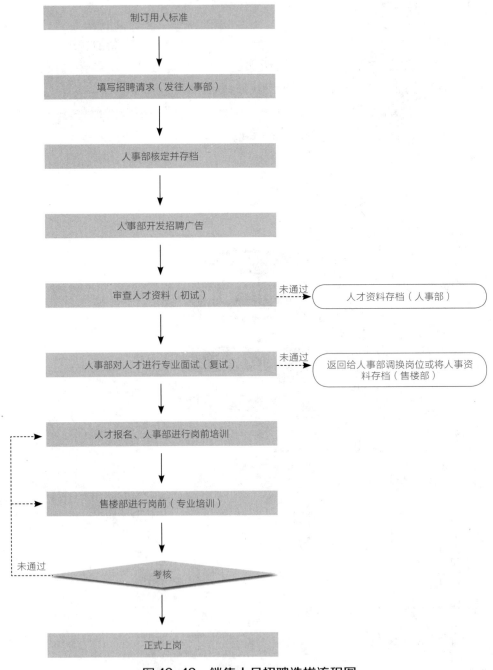

图 10-10　销售人员招聘选拔流程图

3. 销售人员培训体系

（1）培训体系图（图10-11）

图10-11 销售人员教育训练体系

（2）培训流程图（图10-12）

图10-12 销售人员培训流程图

（3）培训内容设计

1）基本知识

公司背景及成长历程、公司在市场中的形象、企业理念及企业精神、企业发展目标、公司规章制度。

2）专业知识

①房地产基本知识

包括房地产基本概念、建筑基储城市及小区规划、园林知识、中外建筑史、法律法规、财务知识、按揭付款率等。

②所销售物业详细情况

包括项目规模、市场定位、项目设施、价格、户型结构详解、主要卖点及推广方式、周边环境及公共配套、交通条件、该区域城市发展规划。

③房地产市场状况及竞争楼盘分析

包括市场现状及发展方向、竞争对手项目优劣势分析。

④物业管理及售后服务

包括服务内容及收费标准、管理准则、公共契约、业主权益。

⑤市场调查及数理统计

包括调查内容与技巧、资料收集、整理、分析。

3）销售技巧

主要包括：接待礼仪、接拨电话技巧、洽谈技巧、以问题套答案技巧、询问客户需求、经济状况、置业期望等技巧、客户心理分析、成交障碍点分析、"逼订"技巧、销售现场气氛把握技巧、客户跟踪技巧等。

4）其他方面

人居历史及最新人居理念、现代生活方式的演变对建筑的影响、室内外空间协调基本概念、室内设计知识、装修知识、传统文化思想、品位修养、人文学、美学、哲学、居家风水等。

5）培训形式

培训形式可以包括：讲座式、限时演讲式、观摩式、案例剖析式、研讨式、调研式、异地开发项目参观学习式、参加集团组织的其他培训。

6）培训组织步骤

第一步：制订培训计划；

第二步：收集、组织培训资料；

第三步：组织销售讲习；

第四步：实战演练和指导；

第五步：培训效果评估。

（4）培训日程安排计划（表10-3）

培训日程安排计划 表10-3

阶段	培训时间	培训内容
入职培训	7～10天	房地产入门知识 1. 名词熟悉：如容积率、按揭等，一般2～4天（含考核） 2. 房地产市场调研：5～7天 □ 地域市场：①价位②地段③走向 □ 地域概述：①定位②交通③需求 □ 地域行业概述：①服务②品牌
岗前培训	7～10天	1. 从业要求：4～7天 □ 上岗培训：销售手册、税费明细等等 □ 服务意识：礼节、仪容仪表、言行标准 □ 行业法规 □ 策划入门 □ 营销入门 □ 营销技巧 2. 上岗考核：3天
企业文化	5天	1. 企业简历：1天 2. 团队意识培训：3天 □ 团队及行业先锋意识1天 □ 团队的内部协调作业1天 □ 专业团队的素质1天 3. 考核：演讲1天

六、销售执行

1. 营销执行流程设计

营销执行流程如图 10-13 所示。

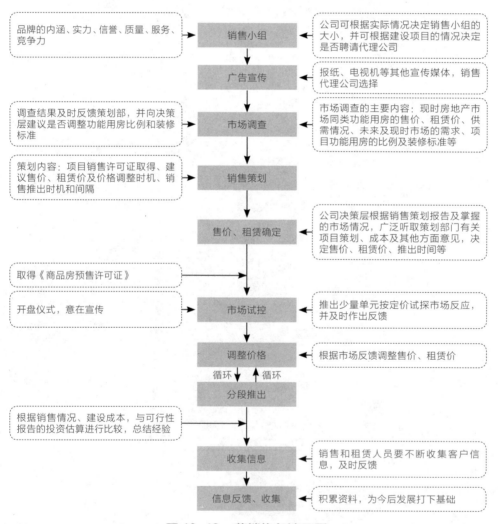

图 10-13 营销执行流程图

2. 销售现场基本流程设计

房地产销售，现场接待室主战场，如何将产品尽可能快速、全面地为客户所接受，销售人员的基本动作是关键。销售现场流程如图 10-14 所示。

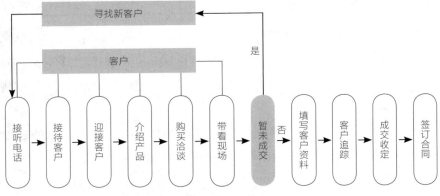

图 10-14　销售现场流程图

3. 营销执行各时期业务推广策略设计

（1）预热期

首先选搭大型户外看板，以独特新颖的方案引起客户的好奇，引发其购买欲。

1）工地现场清理美化，搭设风格新颖清闲的接待总部（视情形需要，制作样品屋）。

2）合约书、预约单及各种记录表制作完成。

3）讲习资料编制完成。

4）价格表完成。

5）人员讲习工作完成。

6）刊登引导广告。

7）销售人员进驻。

预热期间注意如下事项：

第一，对预约客户中有望客户做 DS（直接拜访）。

第二，现场业务销售方向、方式若有不顺者要即时修正。

第三，定期由业务主管召开销售人员策划会，振奋士气。

第四，不定期举行业务与企划部门的动脑会议，对来人、来电及区域记录表予以分析后，决定是否修正企划策略。

第五，有关接待中心常发生故障或较为客户在意的设施，如灯光照明亮度、冷气空调

位置及冷暖度、签约场所气氛、屋顶防雨措施、展图坚牢度等均需逐一检查测试。

第六，主控台位置及高度、广播系统音域范围及功能，控台、销售区、样品屋与模型，出入口及过道是否能使众多客户十分顺畅地经过。

（2）公开期及强销期

公开期（引导期之后 7~15 天）及强销期（公开后第 7 天起）。

1）正式公开推出前需吸引引导期有望客户与配合各种强势媒体宣传，聚集人潮，并施展现场销售人员团队与个人销售魅力，促成订购，另可安排鸡尾酒会或邀请政经名人莅临剪彩，提高客户购买信心。

2）每日下班前 25 分钟，现场销售人员将每日应填之资料填好缴回，由业务主管加以审查，于隔日交还每位销售人员，并于隔日晨间会议进行讲述对各种状况及有望客户追踪提出应变措施。

3）每周周一由业务部、企划部举行策划会议，讲述本周广告媒体策略、促销活动（SP）、项目销售策略及总结销售成果，拟定派发宣传单计划。

4）拟定派发宣传单计划表，排定督报人员表及（SP）活动人员编制调度表。

5）于 SP 活动前 3 天，选定协助销售人员及假客户等，并预先安排讲习或演练。

6）若于周六、周日或节日 SP 活动，则需要提前一天召集销售管理人员协助销售人员讲习，使其全面了解当日活动策略、进行方式及如何配合。

7）每逢周六、周日或节日 SP 活动期间，善用 3~5 组假客户，应注意销售区和主控台之自然呼应，每成交一户，便由主控台主管播板，随即公司现场人员均一起鼓掌，外区人员燃放鞭炮，现场张贴恭贺红纸，使现场气氛达到最高点。

8）周六、周日下班前由业务主管或总经理召开业务总结会，对本日来人来电数、成交户数、客户反映、活动优缺点进行总结与奖惩。

9）实施责任户数业绩法，每位销售成员自定销售目标或由公司规定责任户数，并于每周一作统计，完成目标人员公司立即颁发奖金，以资鼓励。

10）随时掌握补足、成交、签约户数、金额、日期，若有未依订单上注明日期前来办理补足或签约手续者，立即催其办理补足或签约。

11）客户来工作销售现场洽定或来电询购，要求其留下姓名，联系电话，以便于休息时间或广告期间实施 DS（直销）、出外追踪拜访客户，并于每日下班前由业务主管总结追踪成果，检查是否达到预期销售目标。

12）每逢周日、节日或 SP 期间，公司为配合销售，应每隔一段时间打电话至现场做假洽订（电话线若为两条，则轮流打）以刺激现场销售气氛。

（3）持续期（最后冲刺阶段）

销控的流程我们前面已经讲过，但是各个公司或项目可结合自身情况来安排和确定具体的操作流程。下面这个案例可以让我们更清楚地了解销控的真实操作流程和方法。

1）正式公开强势销售一段时日后，客户对本案之认识程度应不浅，销售人员应配合广告，重点追踪以期达到成交目的。

2）利用已购客户介绍客户，使之成为活动广告。并事先告之：若介绍成功公司将提成一定数额的"介绍奖金"作为鼓励。

3）回头客户积极把握，其成交机会极大。

4）退订户仍再追踪，实际了解问题所在。

5）销售成果决定于是否在最后一秒钟仍能全力以赴，故销售末期的士气高低不容忽视。只要脚踏实地地执行本方案，房地产营销将会立竿见影，成就颇丰。

4. 营销执行的基本要求

营销执行的基本要求如表 10-4 所示。

营销执行的基本要求参考图　　　　　　　　　　　　　　　　表 10-4

流程	执行程序	执行着眼点	执行要点	要求
①	服务洽谈	资料解说	准确	基本要求
		环境解说	详细	
②	购房洽谈	建筑解说	特色	
		配套解说	规范	项目要求
		物管解说	合理	
③	认购洽谈	客户信息解说	随机	
		广告解说	符合	
④	价格洽谈	交付条件解说	明确	职业要求
		工程进度解说	全面	
⑤	合同洽谈	促销解说	诉求	
		工程质量解说	针对性	
⑥	付款洽谈	企业形象解说	服务	特色要求
		售后服务解说	规模	

5. 销控管理

（1）销控管理及作用

在整个楼盘营销过程中，应该始终保持有好房源，分时间段根据市场变化情况，按一定比例面市，这样可以有效地控制房源，而且后期的好房源面市时，正处于价格的上升期，还可以取得比较好的经济效益。此即为销售控制。

销控是实现项目利润最大化的捷径。房产与其他消费品不同，它的生产周期很长，市场需求变化后供给是不可调节的，只能以销控来实现微调。一个项目开盘即一抢而空不是一件好事，只能说明定价偏低，开发商没有得到最大的销售收入，所以要控制好销售节拍，在先导期、开盘期、强销期、收盘期安排合理的供给比例，每个期间内供应的销售量在面积、朝向、楼层中保持一定大小、好坏、高低的比例，实现均衡销售。如果一个项目的市场需求把握不准或是规划设计不科学，那么能够挽救项目的就只能是营销策划和销售控制了，房产关乎人的终极需求，影响的因素太多，市场需求把握不准的几率很大，且建筑结果是不可调整的，那样销售策划和销售控制就成了影响开发商生存的核心能力因素之一。

（2）销控管理的两种不同价格策略

在楼盘价格策略的制定一般来说有两种一是"低开高走"，二是"高开低走"，这两种价格制定策略是针对不同的物业来制定的。

1）"低开高走"价格制定策略的销售控制

价格制定策略采用"低开高走"楼盘，应分时间段制定出不断上升的价格走势，价格控制的原则为"逐步走高，并留有升值空间"，这样既能吸引投资，又能吸引消费。同时楼层差价的变化也并非是直线型的成比例变化，而是按心理需求曲线变化，它随着心理需求的变化呈不规则变化。以时间为基础根据不同的时间段如依据工程进度等进行时间控制，确定与之对应的销量和价格，并且围绕该时间段的诉求重点进行营销，从而掌握什么时间该控制什么，如何去控制，以产生协同效益。销售控制、价格控制、时间控制三者紧密结合，相互协调。价格的"低开"并不意味着公司经济利益受损，这只是一种策略，目的是为了以后的"高走"，这就需要销量控制紧密结合，按一定的比例面市，量在谁手中谁就能控制价格，随着时间的推移，不断地将价格按不同的时间段进行调整，并根据不同的时间段放出不同的销量。那么整个营销过程就是一个比较完美的营销控制过程。

2)"高开低走"价格制定策略的销售控制

"高开低走"价格制定策略属于"撇脂模式",市场定位为需求弹性较小的高收入人群,它的特点是阶段性高额利润,速战速决的回收资金,其适用范围为实力信誉颇佳的大公司及其"新、奇、特"概念的高附加值的物业。如青岛的天泰集团就常采用这一战术。

(3)销控具体操作流程

销控的流程我们前面已经讲过,但是各个公司或项目可结合自身情况来安排和确定具体的操作流程。如图10-15所示这个案例可以让我们更清楚地了解销控的真实操作流程和方法。

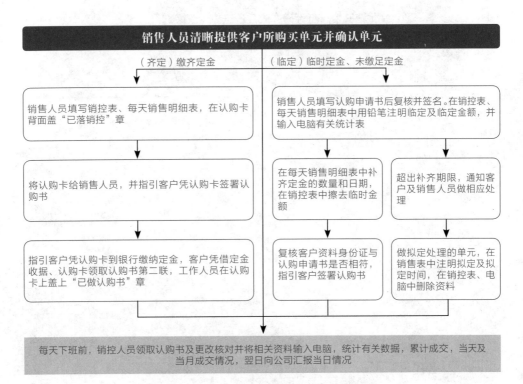

图10-15 ××花园销控具体操作流程

新手知识总结与自我测验

总分：100 分

第一题：房地产开发可行性研究分几步走。（20 分）
_____
_____
_____

第二题：SWOT 分析法的四个因素？（20 分）
_____
_____
_____

第三题：何谓 DSTP 模式（20 分）
_____
_____
_____

思考题：项目营销计划 7 大步骤？（40 分）
_____
_____
_____

得分：　　　　　　　　　　签名：

住宅地产新兵入门 11

房地产圈里圈外
房地产相关机构和法规

操作程序

- 一、房地产行业相关主体
- 二、房地产相关网站
- 三、房地产相关杂志报纸
- 四、房地产相关教育、培训
- 五、近年出台有关房地产的相关政策要点

本章使用指南

房地产业是一个大行业,开发企业、策划公司、建筑设计企业以及相关的行业主体共同推动了房地产业的繁荣和发展。本书最后进入轻松的环节,通过行业相关资讯的介绍,教大家逐步学习、利用、掌控房地产业内资源,并能站在一个行业的高度,理性看待和分析房地产目前的优势、劣势、机会和挑战。

一、房地产行业相关主体

1. 行业领导机构

（1）中华人民国共和国住房和城乡建设部

中华人民共和国住房和城乡建设部是负责建设行政管理的国务院组成部门。中华人民共和国住房和城乡建设部的主要职责是：研究房地产、土地、建筑发展战略，进行行业管理。指导全国城市规划、村镇规划、城市勘察和市政工程测量工作；负责国务院交办的城市总体规划和省域城镇体系规划的审查报批；参与土地利用总体规划的审查；承担对历史文化名城相关的审查报批和保护监督工作；管理城市建设档案。组织制定工程建设实施阶段的国家标准，由国家质量技术监督局统一编号并发布；制定各种行业标准；组织各种活动、市场规划、制度改革、政策制定、人才培训等工作。

中华人民国共和国建设部网址：http://www.cin.gov.cn/

（2）中国房地产协会

中国房地产业协会（简称中国房协）是各地房地产业协会和从事房地产开发经营、市场交易、经纪中介、物业管理、装修装饰等企业事业单位及有关部门自愿参加组成的全国性行业组织，是在中华人民共和国民政部注册登记的具有法人资格的社会团体，业务主管部门是中华人民共和国住房和城乡建设部。

中国房协广泛收集传播国内外房地产政策法规、经济技术信息，编辑出版成报纸刊物使帮助会员更好地理解国家的相关经济政策等多种报刊。同时协助政府加强行业管理，传达、贯彻执行国家的法规与方针政策，在政府与企业之间发挥桥梁与纽带作用。

中国房地产协会网址：http://www.estatecn.com/crea/

（3）中国房地产估价师与房地产经纪人学会

中国房地产估价师与房地产经纪人学会是房地产估价、房地产经纪领域的唯一全国性行业组织。其主要宗旨是：开展房地产估价、经纪方面的研究、教育和宣传；拟订并推行房地产估价、经纪执业标准、规则；加强自律管理及国际的交流与合作；提高房地产估价、经纪专业人员和机构的服务水平，并维护其合法权益；促进房地产估价、经纪行业规范、健康、持续发展。

中国房地产估价师与房地产经纪人学会网址：http://www.cirea.org.cn/

（4）工商联房地产商会

中华全国工商业联合会房地产商会（简称全国工商联房地产商会）是在中华全国工商业联合会直接领导下，由中国住宅产业集团联盟（简称中住联）发起成立的大型国际化行业商会，属非营利社会组织。

目前，全国工商联房地产商会已发展以万通地产、华远地产为代表的房地产开发商和以青岛海尔、长沙远大集团为代表的部品供应商等500余家会员，房地产开发企业占三分之一，部品生产和集成商超过三分之一。会员包括房地产相关行业。

工商联房地产商会网址：http://www.chinahouse.info/

2. 房地产相关企业

（1）开发企业

开发企业是指在土地上进行基础设施建设和房屋建设、开发兼经营房地产的企业。房地产开发具有资金量大、回报率高、风险大、附加值高、产业关联性强等特点。像富力地产、万科地产、顺驰集团等都是房地产开发企业的典型代表。2013年中国房地产百强开发企业名录如表11-1所示。

2013年中国房地产百强开发企业名单　　　　　　　　　　　　表11-1

公司名称	公司名称	公司名称
万科企业股份有限公司	恒大地产集团	保利房地产（集团）股份有限公司
大连万达集团股份有限公司	中国海外发展有限公司	绿地控股集团有限公司
龙湖地产有限公司	华润置地有限公司	世茂房地产控股有限公司
富力地产股份有限公司	碧桂园控股有限公司	绿城房地产集团有限公司
金地（集团）股份有限公司	融创中国控股有限公司	招商局地产控股股份有限公司

续表

公司名称	公司名称	公司名称
远洋地产控股有限公司	佳兆业集团控股有限公司	北京首都开发控股(集团)有限公司
新城控股集团有限公司	华夏幸福基业股份有限公司	金科地产集团股份有限公司
雅居乐地产控股有限公司	复地(集团)股份有限公司	中信房地产股份有限公司
融侨集团股份有限公司	建业住宅集团(中国)有限公司	北京金隅嘉业房地产开发有限公司
天津住宅建设发展集团有限公司	亿达集团有限公司	江苏中南建设集团股份有限公司
路劲地产集团有限公司	北京城建投资发展股份有限公司	农工商房地产(集团)股份有限公司
卓越置业集团有限公司	广州时代地产集团有限公司	旭辉控股(集团)有限公司
沿海绿色家园集团	重庆隆鑫地产(集团)有限公司	上海城开(集团)有限公司
重庆协信控股(集团)有限公司	建发房地产集团有限公司	福建正荣集团有限公司
海亮地产控股集团有限公司	禹州地产股份有限公司	龙光地产控股有限公司
融信(福建)投资集团有限公司	景瑞地产(集团)股份有限公司	浙江佳源房地产集团有限公司
浙江昆仑置业集团有限公司	上海三盛宏业投资集团	荣盛房地产发展股份有限公司
首创置业股份有限公司	联发集团有限公司	中粮地产(集团)股份有限公司
金融街控股股份有限公司	阳光城集团股份有限公司	颐和地产集团
上海证大房地产有限公司	越秀地产股份有限公司	宁波奥克斯置业有限公司
SOHO中国有限公司	恒盛地产控股有限公司	合生创展集团有限公司
宝龙地产控股有限公司	奥宸地产(集团)有限公司	中骏置业控股有限公司
重庆新鸥鹏地产(集团)有限公司	朗诗集团股份有限公司	上置集团有限公司
上海城建置业发展有限公司	合景泰富地产控股有限公司	中建地产

续表

公司名称	公司名称	公司名称
南京栖霞建设股份有限公司	花样年控股集团有限公司	厦门海投房地产有限公司
新湖中宝股份有限公司	西安紫薇地产开发有限公司	雨润控股集团有限公司
西安天朗地产集团有限公司	宁夏亘元房地产开发有限公司	上海建工房产有限公司
四川蓝光和骏实业股份有限公司	金辉集团有限公司	浙江祥生房地产开发有限公司
深业集团有限公司	华源实业（集团）有限公司	上海城投置地（集团）有限公司
中锐地产集团	君华集团有限公司	广西荣和集团
鸿坤地产集团	重庆泽京房地产开发有限公司	天山房地产开发有限公司
上海鹏欣房地产（集团）有限公司	龙记地产集团股份有限公司	泉舜集团有限公司
武汉中央商务区城建开发有限公司	上海市上投房地产有限公司	天同宏基集团股份有限公司
大华（集团）有限公司		

注　来源：中房网

（2）房地产中介公司

　　房地产中介公司，其规范的名称应为房地产经纪公司，是为房地产的生产、流通、消费提供方便的一种经营性中介服务公司，其经营范围包括房地产投资可行性研究及其策划、政策咨询、信息提供、物业代理等。房地产中介经纪服务极大地完善了房地产行业的服务体系，推进了房地产市场与房地产行业的发展。北京的中大恒基，广州的合富置业、满堂红，上海的智恒、色柯拉、新澳都是各区域市场知名的房地产中介公司。2010年中国房地产经纪（中介）公司100强名录如表11-2所示。

2010年中国地产经纪（中介）公司100强名单　　表11-2

公司名称	公司名称	公司名称
上海房屋置换股份有限公司	上海信义房屋中介咨询有限公司	上海市智恒加诚房地产经纪有限公司
上海中原物业代理有限公司	广州满堂红置业有限公司	上海太平洋房屋服务有限公司
中原地产（深圳）有限公司	戴德梁行　泛城（中国）	天津顺驰置业有限公司
上海新澳投资咨询有限公司	南京市房屋销售置换实业有限公司	深圳市世华房地产投资顾问有限公司
北京我爱我家房地产经纪有限公司	广州美联房地产顾问有限公司	上海爱建立好信房地产经纪有限公司
重庆金丰易居房屋置换有限公司	深圳市中联房地产企业发展有限公司	天津市广厦房地产经纪有限公司
美联物业顾问（上海）有限公司	上海臣信房地产经纪有限公司	深圳市中天置业评估有限公司
天津龙盛房地产经营有限公司	重庆大泽置业代理有限公司	广州房屋置换有限公司
美联物业顾问（深圳）有限公司	成都富力房屋置换有限公司	北京鑫尊房地产经纪有限责任公司
广东合富房地产置业有限公司	杭州房屋置换有限公司	深圳市新峰地产顾问有限公司
广东经纬房产咨询有限公司	南昌金丰易居住宅消费服务有限公司	天津市津房置换河西连锁有限公司
世联地产顾问（中国）有限公司	上海华一房产经纪有限公司	天津汇众房地产经营有限公司
无锡市大众房地产服务（连锁）有限公司	同致地产顾问集团	广州珠江中原物业顾问有限公司
上海复易房屋置换经纪有限公司	北京中大恒基房地产经纪有限公司	深圳市星联地产顾问有限公司
苏州市房屋置换中心	世家机构　汇高行市场研究咨询有限公司	杭州裕兴房产代理有限公司
重庆宏佳房地产交易有限公司	重庆兰德房地产咨询公司	北京链家宝业房地产经纪有限公司

11 房地产圈里圈外

续表

公司名称	公司名称	公司名称
江西省投资置业顾问有限公司	重庆渝房置业顾问有限公司	温州海螺置业有限公司
昆明新亚房地产经纪有限公司	杭州广策房屋置换有限公司	上海中房房屋置换有限公司
江苏逸仙房地产经纪有限公司	深圳市创道房地产经纪有限公司	福州南新房地产代理有限公司
北京信一天房地产经纪有限责任公司	广州市丰盈置业发展有限公司	上海达世房地产经纪公司
福州麟骋房产中介服务有限公司	广州市泷泽房地产销售代理有限公司	上海地田实业有限公司
昆明佳佳灵房地产经纪有限公司	江西京昌房地产开发咨询服务公司	北京海煦置地房地产经纪有限公司
杭州华立房地产代理有限公司	上海枫林房地产经纪有限公司	深圳昌鑫地产营销策划有限公司
上海富尔顿房地产经纪公司	上海海辰房地产经纪有限公司	无锡市房屋置换中心
上海昊业房地产经纪公司	广东珠江置业有限公司	北京正华源房地产经纪有限公司
杭州中瑞房屋置换销售有限公司	上海君业房地产经纪有限公司	广州方圆地产顾问有限公司
北京佰家房地产经纪有限公司	广州祈安房地产代理有限公司	北京巨业通房地产经纪有限公司
广州市城建开发兴业房地产中介有限公司	北京美伊房地产经纪有限公司	广州市德诚行地产代理有限公司
北京置换家园房地产经纪有限公司	武汉市华明达房地产信息有限公司	福州麦田房产代理有限公司
武汉市德力房地产经纪有限责任公司	广州市羊城房地产咨询有限公司	北京兴业安居房地产经纪中心
湖南长房物业置换有限公司	沈阳智虹房屋置业有限公司	北京顺益兴房地产经纪有限公司
上海万创房地产咨询有限公司	厦门市住房置业担保有限公司	长春房屋置换股份有限公司

续表

公司名称	公司名称	公司名称
上海康健房屋置换有限公司	北京首创金丰易居房地产经纪有限公司	西安高新置业投资有限责任公司
上海顺和房地产经纪有限公司		

注 来源：中房网

（3）建筑设计公司

建筑设计公司是指为满足一定的建造目的（包括人们对它的使用功能、视觉感受的要求）而进行的设计，它使具体的物质材料在技术、经济等方面可行的条件下形成能够成为审美对象的产物。建筑设计公司融合了艺术、审美、建筑等各种学科，其作品反映人类的智慧和对美的追求。如奥运会鸟巢设计就是中国建筑设计研究院和瑞士赫尔佐格和德梅隆设计公司合作的杰作。

SOM、KPF、上海现代建筑设计有限公司、同济大学建筑设计院、嘉品建筑设计有限公司等都是目前活跃于中国建筑设计领域的知名公司。2010年中国十大建筑设计公司见表11-3。

中国2010十大建筑设计公司　　　　　　　　　　　表11-3

公司名称	公司名称
北京市建筑设计研究院	同济大学建筑设计研究院
上海现代建筑设计（集团）有限公司	机械工业第三设计研究院
天津市建筑设计院	浙江省建筑设计研究院
中国建筑西南设计研究院有限责任公司	山东省建筑设计研究院
中国建筑设计研究院	广东省建筑设计研究院

注 数据由RCC提供

（4）物业管理公司

物业管理公司是受业主委托遵照国家有关法律签订合同，对各类房屋及其附属配套设施、周遍环境进行管理并提供服务的公司。物业管理服务是以建立以业主自治与物业管理企业专业化管理相结合的市场为目标，它能提高管理服务质量、保障居民安居乐业，因而具有广阔的发展前景。2011年中国物业服务企业综合实力百强名录如表11-4所示。

11 房地产圈里圈外

2011年中国物业服务企业综合实力100强名单　　表11-4

公司名称	公司名称	公司名称
深圳市万科物业发展有限公司	绿城物业服务集团有限公司	北京首开鸿城实业有限公司
长城物业集团股份有限公司	中海物业管理有限公司	保利广州物业管理有限公司
广东公诚物业管理有限公司	深圳市金地物业管理有限公司	招商局物业管理有限公司
上海东湖物业管理公司	深圳市龙城物业管理有限公司	上海上房物业管理有限公司
中航物业管理有限公司	广州天力物业发展有限公司	广东碧桂园物业管理有限公司
广东康景物业服务有限公司	北京戴德梁行物业管理有限公司	广州城建开发物业有限公司
成都嘉宝管理顾问有限公司	北京顺天通物业管理有限公司	深圳市万厦居业有限公司
山东东晨物业管理有限公司	广州珠江物业酒店管理有限公司	广东中奥物业管理有限公司
上海复瑞物业管理有限公司	河北卓达物业服务有限公司	石家庄恒辉物业服务有限公司
浙江南都物业管理有限公司	深圳市开元国际物业管理有限公司	北京金融街物业管理有限责任公司
重庆新龙湖物业服务有限公司	上海德律风物业有限公司	珠海华发物业管理服务有限公司
北京网信物业管理有限公司	大连新型物业管理有限公司	上海陆家嘴物业管理有限公司
上海明华物业管理有限公司	大连亿达物业管理有限公司	广东华信物业管理有限公司
新中物业管理（中国）有限公司	上海科瑞物业管理发展有限公司	重庆大正物业管理有限公司
上海浦江物业有限公司	重庆海泰物业管理有限公司	港联物业（中国）有限公司
深业集团（深圳）物业管理有限公司	广东省华侨物业发展有限公司	深圳市明喆物业管理有限公司
深圳天安物业管理有限公司	佳兆业物业管理（深圳）有限公司	深圳市莲花物业管理有限公司

续表

公司名称	公司名称	公司名称
深圳市国贸物业管理有限公司	深圳市赛格物业管理有限公司	广州广电物业管理有限公司
山东明德物业管理有限公司	天津天孚物业管理有限公司	宁波永成物业管理有限公司
新疆广汇物业管理有限公司	兰州城关物业管理有限公司	上海上实物业管理有限公司
北京金隅物业管理有限责任公司	宁波银亿物业管理有限公司	深圳市科技工业园物业管理有限公司
北京首欣物业管理有限责任公司	深圳市鹏基物业管理服务有限公司	海南珠江物业酒店管理有限公司
北京市北宇物业服务公司	长江三峡实业有限公司	北京中实杰肯道夫物业管理有限公司
四川新华物业有限公司	广州粤华物业有限公司	福州融侨物业管理有限公司
广东宏德科技物业有限公司	南京紫竹物业管理有限公司	深圳市大众物业管理有限公司
上海中星集团申城物业有限公司	深圳市投控物业管理有限公司	新汶矿业集团泰兴物业有限责任公司
上海紫泰物业管理有限公司	深圳市众安康后勤服务有限公司	深圳市恒基物业管理有限公司
深圳市新东升物业管理有限公司	深圳市城建物业管理有限公司	上海百联物业管理有限公司
上海漕河泾开发区物业管理有限公司	北京首都机场物业管理有限公司	成都蜀信物业服务有限公司
河南建业物业管理有限公司	浙江金都物业管理有限公司	鑫苑物业服务有限公司
重庆市金科物业服务有限公司	天津市天房物业管理有限公司	宁波市亚太酒店物业管理有限公司
厦门市住总物业管理公司	重庆华宇物业服务有限公司	浙江耀江物业管理有限公司
深圳市华佳宏物业管理有限公司	佛山市百花物业管理有限公司	辽宁大阳物业管理有限公司
深圳市彩生活物业管理有限公司		

注 数据摘自中国物业管理协会

11 房地产圈里圈外

操作程序

二、房地产相关网站

1. 门户网站房地产频道

几大门户网通过品牌支撑拥有了充足的人气，这是任何一个专业房地产网站所无法比拟的。但是门户网站却同样拥有相关劣势，首先是专业性不够，同时缺乏相关资讯及整合房地产资源能力。因此，目前大多数门户网站的房地产频道都是采用与房地产专业网站合作、并购、销售频道等合作模式。如2003年，焦点网就被搜狐并购，成为其一个子频道；新浪网与中国房地产报结成战略合作伙伴，解决了新浪网的资讯问题；TOM网房产频道变成了全房网；网易把房地产频道卖给了搜房网等等。

新浪网乐居	http://house.sina.com.cn
腾讯房产频道	与地方媒体组建，形成众多房产频道的分站点
搜狐焦点网	http://focus.cn 合并焦点网
网易房产频道	http://house.163.com/
凤凰网房产频道	http://house.ifeng.com/

2. 专业房地产网站

（1）搜房网　www.soufun.com

搜房网成立于1999年，同时得到美国国际数据集团（IDG）和高盛公司的风险投资的支持。目前，搜房网在全国近336个城市布点，业务覆盖广泛，已成为大中华区最大的房地产及家居行业专业网站。网站流量和BBS发帖量稳居同业之首，内容频道设置专业，众多家装课堂、企业服务个案策划活动深受消费者欢迎。

（2）焦点房地产网　http://house.focus.cn/

焦点房产网是国务院新闻办批准的具有新闻登载资格的七大商业网站之一。焦点房产网

目前已经成为中国最有价值的房产网站,也是最有人气的房产网站。曾经多次被媒体称为房地产网中第一的焦点房产网,以其快捷的新闻和火爆的论坛,信息的深度和广度,在房地产业界和广大网民中具有超强的影响力。目前该网站被搜狐地产频道收购,成为搜狐的子公司。

(3)中国房地产网　http://www.china-crb.cn/

中国房地产网是《中国房地产报》新媒体业务、优博集团旗下传媒投资品牌之一。网站初期定位于房地产经门户,为中国最具影响力的受众群,提供准确、全面、深入的地产新闻和资讯信息服务。该网站的目标是发展成为中国地产人首席网络社区,地产界的FACEBOOK。

网站依托《中国房地产报》专业的采编团队和强大的原创新闻优势,立足中国最具投资价值的房地产业,有机整合资讯、观点、多媒体、互动等形态丰富的资讯产品,以客观、专业的视角输出高品质地产产经信息,服务于中国房地产产业链。

(4)易居中国 http://www.ehousechina.com/cn/

易居中国是中国首家在美国纽交所上市的中国轻资产地产概念公司,中国首家房地产线上、线下全面解决方案供应商,并以现代信息技术为依托,以一手房营销代理、房地产信息及咨询业务、房地产及家居互联网、房地产及品牌家居电子商务、二手房中介经纪、旅游地产服务、商业地产顾问、房地产广告传媒和投资管理为业务流,构筑覆盖中国各个城市的房地产现代服务体系。

易居中国旗下包括中国房地产信息咨询集团、新浪乐居、百度乐居等众多房地产专业网站。

三、房地产相关杂志报纸

1.《中国房地产报》

《中国房地产报》是由中华人民共和国住房和城乡建设部、中国房地产协会主管、主办的唯一全国性地产行业大报。该报以权威视角掌控主流话语权，致力于构筑产业价值体系，打造和谐社会的中国地产传媒力量。并以中国地产首席财经新闻纸的崭新定位，成为中国高端不动产影响力营销首选媒体。共有新闻、金融、产经、评论、资讯五大版块集群，共40个版。逢周一出版，北京、上海、广州、深圳等城市同步零售。

读者定位：业内及房地产相关人士，面向政府房地产主管机关、房地产主流企业及城市管理者、土地管理者、金融界人士、房地产下游建材部品商等，同时覆盖中国最具消费能力的人群。

2.《中国地产》

《中国地产》是由住房和城乡建设部主管，中国房地产及住宅研究会主办的行业内部期刊。作为一本半官方刊物，其主要反映我国房地产行业的理论、政策、法规、动态，探究行业发展中的热点、焦点、难点问题，快速传递各地房地产信息，为引导房地产业持续健康发展起到应有的作用。

读者定位：行业管理部门、学会、协会、大专院校、研究机构及房地产开发企业、中介企业、物业管理企业，为其提供理论基础、政策依据、操作实务、研究资讯和投资顾问。

3.《中国房地产》

《中国房地产》杂志是1980年受中华人民共和国建设部委托创办的全国房地产综合性、专业性期刊，是国家社科类优秀期刊、一级期刊、全国重点院校中文核心期刊、国内外公开发行。杂志所发表的文章，具有指导性、权威性、学术性和专业性。每月5日出版，国际标准开本，每期80页，12万字，每册定价12.00元。

读者定位：是政府主管部门、房地产开发、经营、管理、市场、中介、拆迁、物业管理、社科研究、部队营房以及企事业单位房地产工作者的必读刊物；对高等院校师生、司法、金融工作者有重要参考价值。

4.《地产》、《地产 NEW HOUSE》

《地产》、《地产 NEW HOUSE》杂志是中国领先的房地产月度性刊物，与《财经》杂志、《证券市场周刊》等著名经济类刊物同属传媒集团，而该集团为首批以内地媒体广告业务为主的香港上市公司（HK。0205）。

《地产》、《地产 NEW HOUSE》杂志，就影响力、发行量、资讯量、内容品质等方面而言，是国内仅见的权威房地产综合性杂志。

《地产》是一本反映房地产行业的最新动态信息、专项研究成果、重大行业新闻、宏观政策走向分析、国际先进经验等的杂志。它的内容与房地产企业经营息息相关，被中国房地产从业者高度认同乃至推崇，是最受尊敬的房地产专业杂志。

《地产 HEW HOUSE》是一本反映中国住宅进程和世界居住典范文化的高端地产消费类杂志。它关注高端住宅消费、居住文化与时代精神，重视个性化的生活方式，以独具一格的姿态引领居住潮流。该杂志倡导平和心态下的新居住消费方式，以鲜明突出的行文、图片见长，版式优雅，高端地产家居名品和生活用品为主要广告客户。在杂志统一的风格下构成与读者共享的高端消费文化。

5.《楼市》

《楼市》杂志创刊于 2003 年底，是经国家新闻出版总署批准，浙江出版联合集团主管、浙江省期刊总社主办，面向全国公开发行的大型房地产专业期刊。《楼市》杂志以专业的政策解读、纵深的行业报道、全面的资讯服务、互动性的读者参与，已成为业内知名品牌刊物。

2008 年《楼市》杂志被中国房地产业协会评为"中国房地产综合最佳金质期刊"，2009 获得中国广告"精投奖"，并荣膺 2009 第四届华东地区优秀期刊。

6.《地产观察》

《地产观察》是一本专业的房地产杂志，它不仅为房地产专业人士提供服务，同时兼顾潜在的消费群体。每期发行量 2 万余册，3000 个报架宣传网点遍布城市的地产管理部门、地产评估部门、开发公司、物业公司、写字楼、楼盘社区、汽车贸易、餐饮娱乐、各大星级宾馆酒店、家居装饰、金融通信、时尚生活、邮局、机场等，拥有大批量的高端消费群体，在业内具有很高知名度和认知度。

《地产观察》杂志秉承"有思想的观察，有观点的传播"的办刊宗旨，以"创意、新锐、主流"为主题，实现"房地产生活趋势观察家"的理念，深度报道和客观分析房地产业的发展态势与现状，透视市场趋向与消费，解读国家相关政策与法规，观察地产风云，点评业界动态，引导前沿观念，为消费者提供真实有效、时尚精致的购房家居资讯，致力于创造科学、前沿、多元、活力蓬勃的地产业发展互动氛围的平台。

7.《房地产纵横》

《房地产纵横》杂志社是中国国际房地产研究院下属媒体,是中国第一家多媒体房地产杂志,旨在以平面和影视的手段,记录中国房地产、搭建沟通平台、传播地产文化。该杂志创刊于 2004 年,至今已经出版了几十期,设置了地产要闻、地产专题、人物专访、楼市纵横、走进企业、下载中心、名家论坛、地产文化等栏目,多角度、全方位地传播地产文化。专注于传播先进的地产运营管理理念和模式,内容涵盖开发规划、建筑设计、园林景观、营销实战、广告推广各环节,是一本以王石、潘石屹、陈劲松、王波、冯佳等业内专家为顾问的专业指导性杂志。

8.《时代楼盘》

《时代楼盘》杂志是香港科讯国际出版有限公司策划出版的大型建筑类专业月刊,创刊于 2004 年 12 月,全年 12 期,发行量为每期两万册,是全国首家反映楼盘设计领域现状及成果的专业刊物。刊物以传承"经典建筑,潮流设计"为宗旨;以"专业性、前瞻性、多样性"为办刊理念,多角度关注建筑设计的发展趋势,关注建筑设计师的思考与创意活动;推广设计师时尚、新颖的设计方案及成功案例。

读者定位:建筑设计单位、设计师、开发商。

9.《中国房地产市场》

《中国房地产市场》是一本反映中国高端房地产行情动态、重大新闻、市场走向、国际先进经验的杂志。内容与房地产企业市场经营息息相关,同时关注所有与房地产相关的连锁行业。它专注高端住宅消费与新时代文明的居住精神,精准地引领居住潮流,鲜明文笔、经典图片、美妙设计是其风格;为高端服务打造精品平台是其追求。《中国房地产市场》杂志,上级主管部门是中国国际出版社,编委会由来自于国家主管房地产建设行业的专家学者组成。

读者定位:开发商、相关设备、原材料提供商、政府主管部门官员、研究机构、投资公司房地产业务人员。

10.《南方房地产》

《南方房地产》在国内、省内房地产界都有较高的知名度,是原国家建设部住宅与房地产业司连续5年发文向全国建设、房地产部门推荐订阅的全国八家房地产专业报刊之一。

《南方房地产》主要内容有四大部分:一是政府工作部署,改革方案,政策法规;二是全国、广东、各市的房地产市场信息、房地产发展信息、各类经验;三是房地产改革与发展研究文章;四是房地产经典户型、建筑色图片。

读者定位:主管房地产业政府部门及官员、开发商、房地产经理人。

其他相关杂志、期刊还有《南方日报 南方楼市》、《soho小报》、《今日地产》、《地产评论》、《万科周刊》、《安居》、《房地产导刊》等。

操作程序

四、房地产相关教育、培训

1. 房地产教育机构

(1) 顶尖大学教育机构

1) 清华大学建筑学院

由著名建筑学家梁思成教授于1946年10月创建。1988年成立建筑学院。目前,学院有4个系(建筑系、城市规划系、建筑科学技术系和景观学系),9个研究所(建筑设计研究所、建筑历史与文物建筑保护研究所、住宅与社区研究所、美术研究所、景观园林研究所、资源保护与风景旅游研究所、建筑技术与设计研究所和建筑环境与设备工程研究所)。

具有建筑工程勘察设计甲级资质(综合)和文物保护工程勘察设计甲级资质的清华大学建筑设计研究院,城市规划设计甲级资质和旅游规划设计甲级资质的北京清华城市规划设计研究院,建筑工程勘察设计甲级资质的北京清华安地建筑设计顾问有限责任公司。

此外,跨院系成立的科研综合体清华大学建筑与城市研究所、清华大学人居环境研中心和清华大学建筑节能研究中心依托在建筑学院。

2）北京大学环境学院

北京大学环境学院在北京大学城市与环境学系、环境科学中心以及原技术物理系环境化学专业的基础上组建。学院包括环境、地理、生态、规划等多种相关学科，拥有一批曾在科学研究方面取得许多具有重要影响成果的知名专家教授和青年骨干，具备条件完善的研究基地，曾培养过大量的优秀学生。涉及房地产的有环境科学、资源环境与城乡规划管理、城市规划、环境工程、景观设计学、环境科学专业、环境工程专业、城市与区域规划、建筑设计及其理论等专业。

3）同济大学建设管理与房地产系

同济大学建设管理与房地产系设有工程管理专业（含工程项目管理、房地产经营与管理两个专业方向），培养具备经济学、管理学和工程技术基础知识，熟悉相关法律法规，从事工程建设投资经济活动、工程项目管理、房地产开发与经营管理等专业领域的高级管理人才。

主要研究领域有：工程项目管理理论与方法、建设项目投融资与评估、建筑业产业经济与发展、建筑业企业经营与管理、房地产投资与评价、土地资源利用与规划、工程管理信息化、物业管理等。

同济大学在建筑领域具有悠久的历史和雄厚的师资力量，其土木工程专业为中国培养了一大批建筑行业的专业人才。建设管理与房地产系承担本科、硕士、博士、MBA、MPA等的教学工作。下属培训中心面向非学历教育，为社会包括建筑业、房地产业、工程咨询业等提供专业培训与教育服务。

4）天津大学建筑学院

天津大学建筑学院下辖建筑学系、城市规划系、环境艺术系、天津市建筑物理环境与生态技术重点实验室、天津大学建筑技术科学研究中心，建筑设计及其理论研究所、建筑技术研究所、建筑历史与理论研究所、城市规划与设计研究所等13个基层单位。具有一级学科博士点授予权，其下设有建筑设计及其理论、建筑历史与理论、城市规划与设计和建筑技术科学等4个二级学科博士点和1个建筑环境设计博士点。并拥有建筑设计及其理论、城市规划与设计、建筑历史与理论、建筑技术科学、建筑环境设计、艺术学、设计艺术学和美术学8个专业的硕士学位授予权。

5）哈尔滨工业大学管理学院营造与房地产系

营造与房地产系前身是哈尔滨建筑大学建筑经济管理学科。该学科长期在国内居于领

先地位，曾设有国内唯一的建筑经济与管理博士学位点。现在的营造与房地产系拥有工程项目管理、房地产投资与管理、国际工程管理三个本科专业方向，在工程管理领域，研究方向稳定、优势明显。建筑管理现代化与系统优化、城市数字化工程、建筑与房地产经营管理、合同管理与建设法规制度、建设项目管理等研究方向中，有许多成果达到国际先进水平或居国内领先地位。

6）重庆大学建设管理与房地产学院

重庆大学学院现设有"工程管理"、"房地产"、"财务管理"三个教学系。在培养工程建设管理、房地产经营管理、建筑会计、工程财务管理、管理科学与工程、技术经济及管理、区域经济管理、行政管理、城市规划系统工程等学科、领域高级专业人才方面优势独特、办学特色鲜明、综合实力在国内处于领先地位。在工程项目管理、建筑经济、建筑技术经济、区域经济、城市经济、房地产开发与经营管理、国际工程承包、城市建设管理、城市规划系统工程、工程财务管理、建筑会计、建筑工程法律等学科、专业领域拥有稳定且实力雄厚的研究队伍。

7）广东工业大学建设学院

广东工业大学建设学院下设与房地产相关的有建筑学系、城市规划系、土木工程系、城市公用设备工程系、道桥与交通运输系、工程管理系、测绘工程系、岩土工程研究所、工程力学研究所、实验中心和建筑设计研究院11个教学研究机构，其下属的"广东工业大学建筑设计研究院"具有设计甲级、规划乙级资质，实力雄厚，完成了许多具有特色的建筑工程项目。

8）上海大学房地产学院

由上海大学与上海市房屋土地资源管理局联合组建的专业学院，于2004年5月正式揭牌，同年首次招收计划内全日制本专科生。学院实行董事会领导下的院长负责制。采纳上海大学学分制、选课制、短学期制等改革与管理制度，注重房地产产业的特点和职业化要求，培养具有行业适应能力和长期发展潜质的高级人才。以适应上海及长江三角洲地区房地产业发展，满足房地产及相关行业高级应用型人才需求。

（2）大学研究机构

1）清华大学房地产研究所

清华大学房地产研究所成立于1992年9月3日，是清华大学跨学院（土木水利学院、经济管理学院、建筑学院）的校级研究机构，教学科研工作纳入土木水利学院建设管理系统一管理。目前设立有"管理科学与工程"一级学科硕士点、博士点和博士后流动站。

房地产研究所在校内开设的本科生课程包括：城市与房地产经济学、工程经济学、房地产开发经营与管理、房地产评估理论与实务、物业管理、财务管理和建设项目评估。开设的研究生课程包括：房地产经济学、房地产金融与投资、房地产抵押贷款证券化与房地产资本市场、房地产投资项目评估与案例分析和建设与房地产应用法律。

2）北京大学房地产金融中心

北京大学房地产金融研究中心，挂靠北京大学经济学院。中心主要科研方向是中国房地产业的发展，中国金融市场发展与房地产发展的关系，尤其是房地产金融方面的研究，及其他相关领域的研究。中心提倡经济学理论研究和中国现实经济问题研究相结合，以理论问题研究指导现实问题的解决，通过现实问题的研究丰富和发展经济学理论，加强中国房地产金融改革和发展问题的研究。

3）浙江大学房地产研究中心

浙江大学房地产研究中心是在企业投资研究所、土地科学与不动产研究所、建筑经济与管理研究所、城市规划与设计研究所、城市与区域发展研究所的基础上成立的，聘请有关行政部门、著名企业的高级管理人员为顾问或者特邀研究员。是一个跨学科、跨学院、学、研、政、产综合交叉性研究机构。该中心充分发挥浙江大学研究力量雄厚、学科综合交叉的优势，培养符合房地产业发展需要的复合型人才，为房地产企业解决项目策划、方案设计、投资决策、开发建设、经营管理、物业管理、人员培训等方面的实际问题，承担政府有关部门的研究任务和咨询项目，向公众宣传和普及房地产专业知识。

4）重庆大学房地产研究所

重庆大学房地产研究所所属重庆大学建设管理与房地产学院，是建设管理领域国内最具规模和影响力的专业学院。学院是住房和城乡建设部工程管理专业指导委员会的秘书单位，代表了专业研究方向的全国一流水平。学院有博士点"管理科学与工程"，同时还有"管理科学与工程"和"技术经济及管理"两个硕士学位授予权。重庆大学房地产研究所是一个跨学科、跨学院、学、研、政、产综合交叉性研究机构。培养符合房地产业发展需要的复合型人才，为房地产企业解决项目策划、方案设计、投资决策、开发建设、经营管理、物业管理、人员培训等方面的实际问题，承担政府有关部门的研究任务和咨询项目，向公众宣传和普及房地产专业知识。

其他还有东北林业大学土木工程学院，华南师范大学增城学院，河南工业大学土木建筑学院等也在进行房地产相关专业的大学教育，为整个房地产行业积累了大量的人才。

2. 房地产职业考试

（1）全国房地产经纪人员执业资格考试

国家对房地产经纪人员实行职业资格制度，纳入全国专业技术人员职业资格制度统一规划。凡从事房地产经纪活动的人员，必须取得房地产经纪人员相应职业资格证书并经注册生效。未取得职业资格证书的人员，一律不得从事房地产经纪活动。取得房地产经纪人执业资格是进入房地产经纪活动关键岗位和发起设立房地产经纪机构的必备条件。取得房地产经纪人协理从业资格，是从事房地产经纪活动的基本条件。考试相关工作由人力资源和社会保障部、住房和城乡建设部共同负责。

房地产经纪人员职业资格包括房地产经纪人执业资格和房地产经纪人协理从业资格。

1）考试

房地产经纪人执业资格实行全国统一大纲，统一命题。原则上每年举行一次，考试时间定于每年的第三季度。房地产经纪人执业资格考试合格，由各省、自治区、直辖市人力资源和社会保障部门颁发人事部统一印制，人力资源和社会保障部、住房和城乡建设部用印的《中华人民共和国房地产经纪人执业资格证书》。该证书全国范围有效。

2）注册

取得《中华人民共和国房地产经纪人执业资格证书》的人员，必须经过注册登记才能以注册房地产经纪人名义执业。房地产经纪人执业资格注册，由本人提出申请，经聘用的房地产经纪机构送省、自治区、直辖市房地产管理部门（以下简称省级房地产管理部门）初审合格后，统一报住房和城乡建设部或其授权的部门注册。准予注册的申请人，由住房和城乡建设部或其授权的注册管理机构核发《房地产经纪人注册证》。房地产经纪人执业资格注册有效期一般为三年，有效期满前三个月，持证者应到原注册管理机构办理再次注册，并提供接受继续教育和参加业务培训的证明。

3）考试科目

房地产经纪人执业资格考试科目为《房地产基本制度与政策》、《房地产经纪相关知识》、《房地产经纪概论》和《房地产经纪实务》4个科目。考试分四个半天进行，每个科目的考试时间为两个半小时。

考试成绩实行两年为一个周期的滚动管理。参加全部4个科目考试的人员必须在连续两个考试年度内通过应试科目，免试一科的人员必须在一个考试年度内通过应试科目。

在2005年以前（包括2005年），报名参加房地产经纪人执业资格考试的人员，可以不需要先取得房地产经纪人协理从业资格。

凡已经取得房地产估价师执业资格者，报名参加房地产经纪人执业资格考试可免试《房地产基本政策与制度》科目。

（2）全国房地产行业估价师考试

1）报考条件

凡属中华人民共和国公民，遵纪守法并具备下列条件之一的，可申请参加房地产估价师执业资格考试：（一）取得房地产估价相关学科（包括房地产经营、房地产经济、土地管理、城市规划等，下同）中等专业学历，具有8年以上相关工作经历，其中从事房地产估价实务满5年；（二）取得房地产估价相关学科大专学历，具有6年以上相关工作经历，其中从事房地产估价实务满4年；（三）取得房地产估价相关学科学士学位，具有4年以上相关工作经历，其中从事房地产估价实务满3年；（四）取得房地产估价相关学科硕士学位或第二学位、研究生班毕业，从事房地产估价实务满2年；（五）取得房地产估价相关学科博士学位的；（六）不具备上述规定学历，但通过国家统一组织的经济专业初级资格或审计、会计、统计专业助理级资格考试并取得相应资格，具有10年以上相关专业工作经历、其中从事房地产估价。

2）考试通过

房地产估价师考试成绩管理以两年为一个周期，参加考试的人员必须在连续两个考试年度内通过4个科目的考试。实务满6年、成绩特别突出的。

3）考试科目

全国房地产估价师执业资格考试科目为："房地产基本制度与政策"、"房地产开发经营与管理"、"房地产估价理论与方法"、"房地产估价案例与分析"4个科目。

（3）房地产经济师考试

经济专业技术资格实行全国统一考试制度，由全国统一组织、统一大纲、统一试题、统一评分标准。资格考试设置两个级别：经济专业初级资格、经济专业中级资格。参加考试并成绩合格者，获得相应级别的专业技术资格，由人力资源和社会保障部统一发放合格证书。考试每年举行一次，考试时间一般安排在11月初。

1）考试科目设置

初级和中级均为2个科目。具体是：

初级：《经济基础知识》、《专业知识与实务》；

中级：《经济基础理论及相关知识》、《专业知识与实务》；

房地产经济师选择房地产专业。

2）考试成绩管理

参加考试的人员须在 1 个考试年度内通过全部科目的考试。

3）报考条件

①初级房地产经济师高中毕业即可。

②凡中华人民共和国公民，遵纪守法并具备下列条件之一者，可报名参加房地产经济专业中级资格考试：大学专科毕业后，从事专业工作满 6 年；大学本科毕业后，从事专业工作满 4 年；取得第二学士学位后或研究生班结业后，从事专业工作满 2 年；取得硕士学位后，从事专业工作满 1 年。取得博士学位。

（4）全国房地产策划师考试

为培养房地产专业人才，解决房地产行业对人才的迫切需求；扩大社会就业途径，保证房地产行业的健康、持续、高速发展，人力资源和社会保障部将房地产策划师列为国家新职业。并进行国家职业资格认证培训，培训后参加地方房地产策划师职业资格试考，考试合格人员颁发相应级别国家职业资格证书。房地产策划师属于国家职业资格二级。

共分为两类：房地产策划师，助理房地产策划师。

1）主要面向

从事房地产行业的市场研究、方案策划、投融资管理、产品营销和项目等方面策划工作的人员。

2）培训认证

教材：由人力资源和社会保障部中国就业培训技术指导中心统一监制；（全国房地产管理人员岗位培训（试用）教材 2 册 + 房地产策划师研习资料 1 册）；

证书：学员学习期满并经考评合格后，由人力资源和社会保障部中国就业培训技术指导中心颁发《房地产策划师》岗位认证证书，同时将学员档案资料编入人力资源和社会保障部中国就业培训技术指导中心的档案库。

3. 培训

目前，活跃在房地产行业的培训项目主要有三块：一部分是行业主管机构的培训，如住房和城乡建设部、中国房地产协会等组织的各种培训，一部分是一些大学科研院所组织的培训，他们结合附大学和科研机构的实力，以及各种培训资源，展开了针对房地产行业的系统化培训，如北大、清华、人大、中山大学等学校的培训科目，还有一部分就是各种房地产行业参与者等组织的培训。如房地产纵横杂志、易居中国等组织的培训。这三股力量目前形成房地产培训领域的一大特色。

（1）主管部门培训

住房和城乡建设部的培训主要依托中国建筑文化中心培训中心、住房和城乡建设部信息中心、住房和城乡建设部科技发展促进中心等部门，展开针对行业技术、行业规范、行业质量管理、人才等方面的培训。

培训的对象主要针对政府主管部门、中大型国有建筑、房地产企业和一些知名民营企业。以便于更好地推动行业政策的落实、行业新技术的推广及房地产行业的规范。

中国房协专门设有宣传培训部，主要帮助企业培训人才，提高企业素质。每年均举办各类培训班，为企业培训了大量经营管理人员。

中国房地产估价师与房地产经纪人学会开展房地产估价与房地产经纪业务培训，对房地产估价师、房地产经纪人进行继续教育。以提高他们的执业水平，培养房地产行业的职业人才，提升真个估价、经纪专业人员和机构的服务水平。

（2）科研院校培训

房地产行业在高速发展进程中，与各科研院校紧密结合，形成了比较正规和稳定的培训体系。科研院校培训一般包括如下内容：房地产职业经理人培训认证课程和系统支持；为中国房地产企业提供融诊断、咨询、培训、策划、交流于一体，包括战略经营、管理技能、实战营销及专业策划四大领域的全方位的培训服务；为房地产中高层提供基于业务实战和针对性业务项目的经验指导；传授内外房地产运作和发展过程中的成功经验、前沿理论、发展趋势。

在国内运作房地产相关的科研院校主要集中于北京大学、清华大学、中山大学、中国人民大学等。北京大学主要依托北京大学环境学院、景观设计学研究院、景观规划设计中心、继续教育学院的师资力量；清华大学主要以清华大学建筑学院；中国人民大学主要以土地管理系。比较长期并产生影响的培训有"清华大学房地产策划营销总裁高级研修班"，"北京大学中国房地产职业经理高级研修班"，"中山大学房地产专业销售技能特训班"等。

（3）社会力量培训

社会力量培训主要涵盖房房地产行业的培训考试辅导，房地产企业内部培训，房地产人才培训，房地产项目操作培训等。房地产相关网站、知名杂志、大的房地产企业都推出了

新颖的房地产培训方案,很好地满足了各种社会需求。

五、近年出台有关房地产的相关政策要点

1."国五条"

2013年2月20日,温家宝主持召开国务院常务会议,研究部署继续做好房地产市场调控工作,并出台了楼市调控"国五条"。

(1)完善稳定房价工作责任制。各直辖市、计划单列市和除拉萨外的省会城市要按照保持房价基本稳定的原则,制定并公布年度新建商品住房价格控制目标。建立健全稳定房价工作的考核问责制度。

(2)坚决抑制投机投资性购房。严格执行商品住房限购措施,严格实施差别化住房信贷政策。扩大个人住房房产税改革试点范围。

(3)增加普通商品住房及用地供应。2013年住房用地供应总量原则上不低于过去五年平均实际供应量。

(4)加快保障性安居工程规划建设。配套设施要与保障性安居工程项目同步规划、同期建设、同时交付使用。完善并严格执行准入退出制度,确保公平分配。2013年底前,地级以上城市要把符合条件的外来务工人员纳入当地住房保障范围。

(5)加强市场监管。加强商品房预售管理,严格执行商品房销售明码标价规定,强化企业信用管理,严肃查处中介机构违法违规行为。推进城镇个人住房信息系统建设,加强市场监测和信息发布管理。

"国五条"为全年调控定调。各地细则落实力度不一,北京政策最为严厉。大多数城市仅公布了本年度的房价控制目标,在公布细则的城市中,对国五条各项调控政策的落实力度也存在差异,仅有北京、上海等城市在地方细则中严格落实国五条相关要求。

部分城市继"国五条"细则落地后调控政策进一步细化加码。在各地国五条细则落地后,部分热点城市继续提出补充措施使调控力度再度加码（表11-5）。

"国五条"出台地方配套细则　　　　　　　　　　　　　　　　　　　　　表 11-5

城市	细则内容
北京	自2013年3月31日起禁止京籍单身人士购买二套房；严格按个人转让住房所得的20%征收个人所得税，出售五年以上唯一住房免征个税；进一步提高二套房贷首付款比例；新旧政策以买卖合同网签时间为准
上海	坚决抑制投资投机性购房，严禁发放第三套及以上购房贷款；同时要增加普通商品住房用地供应，按照全年供应量不低于前5年年均实际供应量的要求；深化完善"四位一体"住房保障体系，根据确定的目标任务，确保全年新开工建设、筹措各类保障性住房和旧住房综合改造10.5万套、750万m^2，基本建成保障性住房10万套、730万m^2；加强市场监管，查处违法违规行为；加强房地产市场监测走势研判
广州	增加普通住房用地的供应
深圳	从八个方面做好房地产调控，落实新国五条。八方面内容主要包括：完善房价调控工作机制、加强房地产税收征管、严格实施差别化住房信贷政策、严格执行商品住房限购政策、增加住房和用地供应、加快落实保障性安居工程规划建设、进一步加强市场监管、加强市场预期管理
天津	明确2013年新建商品住房价格控制目标为：新建商品住房价格涨幅低于城镇居民人均可支配收入实际增长幅度，严格按照转让住房所得的20%计征；对不能核实房屋原值的，应依法按照核定征收方式计征
厦门	房价涨幅低于居民收入增幅，公布新建商品房价格控制目标
大连	为落实国务院办公厅关于继续做好房地产市场调控工作有关精神，稳定房屋价格，2013年我市新建商品住宅销售价格指数同比增幅控制在我市同期城镇人均可支配收入实际增幅以下。新建商品住宅销售价格以国家统计部门权威发布的统计指标为依据
合肥	作为落实"国五条"的细则，合肥市明确了今年新建商品住房价格增幅的"上限"，并要求已备案的商品住房3个月内不得涨价。但对于此前"国五条"中提出的出售二手商品住房按照差价的20%征收个人所得税这一政策如何执行，合肥市此番出台的通知中并未提及
南京	2013年度全市新建商品住房价格涨幅低于城镇居民家庭人均可支配收入的实际增幅。但内容中并未提及会征收20%的税收问题
贵阳	2013年新建商品住房价格增幅低于当年贵阳市城镇居民家庭人均可支配收入实际增幅
济南	新建商品房价格涨幅低于城市居民人均可支配收入实际增长水平

续表

城市	细则内容
重庆	新建商品住房价格增幅低于城镇居民人均可支配收入实际增幅；严格执行第二套住房信贷政策，暂停发放居民家庭购买第三套及以上住房贷款
青岛	加大住房保障力度，房价增幅要低于收入增幅
郑州	明确新建商品住房价格增幅不高于年度城镇居民人均可支配收入实际增幅。对"20% 个税"以及"二套房利率"、"限购是否扩大"等政策暂未提及
武汉	2013 年度新建商品住房价格增幅低于人均收入增幅
南昌	2013 年度我市新建商品住房价格增幅控制在我市当年城镇居民人均可支配收入的实际增幅以内
长沙	2013 年新建商品住房价格必须控制在城镇居民人均可支配收入扣除居民消费价格上涨后的实际增幅以下，保持基本稳定

2. 房产税扩围在即，推进房地产税收体制改革

房产税扩围可能性进一步上升。

2011 年中央经济工作会议明确提出要推进营业税改征增值税和房产税改革试点，上海、重庆为首批试点城市。

2012 年随着我国税收制度改革逐步推进，房产税扩大试点范围的预期日益增强。

2012 年 2 月，中共中央政治局常委李克强在 16 日出版的《求是》杂志上发表文章称，逐步扩大房产税改革试点。财政部部长谢旭人在 7 月全国财政厅（局）长座谈会、8 月全国人大常委会均提到要稳步推进个人住房房产税改革试。

2013 年 5 月 24 日，国务院批转发改委《2013 年深化经济体制改革重点工作的意见》，意见中要求扩大个人住房房产税改革试点范围，随后发改委相关人员在记者见面会中明确表示房产税扩围今年将会有具体动作。不同于以往，此次中央明确提出房产税扩围的时间节点，足见调控决心，房产税扩围已势在必行。

3. 土地政策：推进土地管理制度改革，加强土地市场监管

2012 年内，国土资源部屡次强调，要执行好现有土地供应政策，均衡供地，稳定地价，防违规用地、防异常交易，处置闲置土地和打击囤地炒地，稳定土地市场。同时，国土部继

续加强与证监会、银监会的联动,从土地市场动态监测与监管系统中提取部分房地产土地闲置的情况。

2013年2月22日,国土资源部在京召开全国房地产用地管理和调控工作报告会,对于各地2013年土地供应工作提出了五点意见:

一要保证充足的增量,在编制今年的住宅用地供应计划时,要统筹考虑,提前安排。

二要快速释放存量,要加大工作力度,促其尽快形成住房上市。

三要继续加大盘活闲置地力度,按照新的《闲置土地处置办法》,加大工作力度。

四要运用多种手段,均衡供地。

另外,还要保持正常的地价形成机制,坚持通过市场配置土地资源,按供求规律保持土地供应总量,消除异常信号及波动,避免地价信号被利用,造成市场恐慌。各地在积极加大加快住宅用地计划供应的同时,纷纷开展了适应本地的土地制度改革及创新供地机制。

4. 货币政策:货币信贷政策稳中趋松,购房者合理需求得到保障

2012年,央行在2月和5月两次下调存准率0.5个百分点,在6月和7月两次降息,并将金融机构贷款利率浮动区间的下限先后调整为基准利率的0.8倍和0.7倍,但同时要求金融机构继续严格执行差别化的各项住房信贷政策,继续抑制投机投资性购房。

2013年6月19日,国务院总理李克强主持召开国务院常务会议,研究部署金融支持经济结构调整和转型升级的政策措施,并在会议中明确表示支持居民家庭首套自住购房。预计2013年下半年银行业资金持续趋紧的背景下,新增贷款增速将有所减缓,但其中对居民首套自住购房需求的支持力度仍将持续,在抑制投资投机需求的同时重点支持居民合理性购房需求,"有保有压"仍然会是国家房地产调控不变的重心。

5. 技术手段:2012年住房信息系统联网

住房和城乡建设部启动的全国40个城市的个人住房信息系统的建设工作将在2012年底前完成。该40个城市包括省会城市、计划单列城市及一批大型的地级市。

目前,长三角的上海、杭州、南京、宁波、温州、苏州、无锡等地的个人住房信息,大部分已先后联入住房和城乡建设部系统。根据长期的规划,未来个人住房信息系统还将覆盖全国256个地级市,并可能包含婚姻、户籍等信息。全国个人住房信息系统联网实现后,以限购为代表的行政性楼市调控政策将逐渐退出。

新手知识总结与自我测验

总分：100分

第一题：你经常浏览哪几个房地产行业网站。（20分）

_____
_____
_____

第二题："国五条"包括哪几方面的内容（5分/条，共25分）

_____
_____
_____

第三题：房地产策划师考试主要面向哪些人_____（20分）

A. 策划师　　　　　B. 估价师　　　　　C. 报建者　　　　　D. 销售人员

E. 开发专业人员　　　　　　　　　　　F. 经纪人

思考题：住房信息联网对房地产调控和房地产管理会产生哪些影响。（35分）

_____
_____
_____

得分：　　　　　　　　　　　　签名：